Psychologische Erkenntnisse in Tageszeitungen

Florian Bamberg

Psychologische Erkenntnisse in Tageszeitungen

Untersuchung am Beispiel
der Selbsttötungsserie in einem
französischen Unternehmen

 Springer VS

COLLEGE

Florian Bamberg
Frankfurt, Deutschland

ISBN 978-3-531-19848-4   ISBN 978-3-531-19849-1 (eBook)
DOI 10.1007/978-3-531-19849-1

Die Deutsche Nationalbibliothek verzeichnet diese Publikation in der Deutschen National-
bibliografie; detaillierte bibliografische Daten sind im Internet über http://dnb.d-nb.de
abrufbar.

Springer VS
© Springer Fachmedien Wiesbaden 2013

Gedruckt auf säurefreiem und chlorfrei gebleichtem Papier

Springer VS ist eine Marke von Springer DE. Springer DE ist Teil der Fachverlagsgruppe
Springer Science+Business Media
www.springer-vs.de

Danksagung

Ich danke meiner Mutter, Prof. Dr. Eva Bamberg, mit der ich die Arbeit oft diskutiert habe und die viele hilfreiche Ideen und Kommentare beitrug. Dank gebührt auch Prof. Dr. Gisela Mohr und Dr. Thomas Rigotti vom Fachbereich Arbeits- und Organisationspsychologie für die gute und intensive Betreuung und die vielen Tipps. Ebenfalls danke ich meinem Vater, Prof. Dr. Hans-Dieter Bamberg, für die konstruktive Kritik. Schließlich bedanke ich mich bei Franziska Dähn und Julia Reinard aus dem Fachbereich Journalistik.

Florian Bamberg

Inhaltsverzeichnis

Zusammenfassung

Diese Arbeit analysiert, welche Themenbereiche arbeitspsychologischer Stressmodelle in Artikeln deutscher Tageszeitungen wie häufig erwähnt werden. Den kommunikationswissenschaftlichen Hintergrund bildet der Beobachtungsansatz, der den Wissenschaftsjournalismus als von der Wissenschaft abgekoppeltes, autonomes Subsystem der Gesellschaft betrachtet.

Untersucht wurden Artikel über die Selbsttötungswelle beim Telekommunikationsunternehmen France Télécom. Die relevanten Inhalte bekannter arbeitspsychologischer Modelle wurden in Bereiche unterteilt. Anschließend wurde per Themenfrequenzanalyse geprüft, wie oft jeder der Bereiche in jedem der selektierten Texte erwähnt wird.

Die Inhaltsanalyse ergibt, dass alle relevanten Bereiche der psychologischen Modelle in den 58 Artikeln erwähnt werden: Arbeitsbedingungen, Bedingungen im Privatleben, personale Risikofaktoren und Ressourcen, Bewertungs- und Bewältigungsprozesse sowie Interaktionen. Auch Erklärungen aus anderen psychologischen Bereichen, vor allem der Nachahmereffekt, sowie aus anderen wissenschaftlichen Disziplinen werden erwähnt, ebenso Erklärungen ohne wissenschaftlichen Hintergrund. Monokausale Erklärungen für Stress und Suizid werden in den Artikeln relativiert sowie die Vielfältigkeit der potentiellen Gründe erwähnt. Die Arbeitsbedingungen werden aber weit öfter als jeder andere Bereich genannt.

Abstract

This study describes which areas of knowledge from the field of organizational psychology are mentioned in German newspaper articles. The scientific background is the *Beobachtungsansatz*, a theory assuming that science journalism is an autonomous sub-system of society separated science.

Articles were selected if they reported on the sequence of suicides at French communication enterprise France Télécom. The relevant contents of well-known models from the field of work psychology were modeled to areas. Consequently, it was examined how often each of these areas of knowledge are mentioned in each of the articles.

The study shows that all relevant areas of organizational psychologic knowledge are mentioned in the 58 examined articles: Working conditions, conditions in private life, personal risk factors and resources, intrapersonal processes and interactions. Also, explanations from other fields of psychological theory as well as other scientific disciplines are mentioned, as much as explanations with no scientific background. Explanations relying on single causes are relativized and the multitude of possible causes for suicides is mentioned. However, of all areas the working conditions are mentioned far more often than any other.

1 Forschungsfrage

Diese Arbeit geht der Frage nach, wie Tageszeitungen mit psychologischem Forschungswissen umgehen. Werden vergleichsweise gut belegte, wissenschaftliche Erkenntnisse umfassend der breiten Öffentlichkeit mitgeteilt? Oder wird das Wissen aus Thesen und Theorien eher selektiv vermittelt? Aus welchen Bereichen wird das Wissen eher hervorgehoben, aus welchen eher heruntergespielt? Wie breit werden die Erkenntnisse aus den unterschiedlichen Bereichen geschildert? Bei welchen Themen werden Experten zitiert, bei welchen argumentieren die Journalisten eher auf der Basis wissenschaftlich nicht gesicherter Ansichten?

Diesen Fragestellungen soll am Beispiel der Berichterstattung zu Häufungen von Selbsttötungen beim französischen Telekommunikationsdienstleister France Télécom nachgegangen werden. Zur Beantwortung der aufgeworfenen Fragen werden diejenigen Artikel herangezogen, die über die tagesaktuell-faktizierende Berichterstattung hinaus die aktuellen Zahlen und Fakten in den Kontext des Themas der psychischen Gesundheit am Arbeitsplatz stellen. In anderen Worten: Artikel, die Aussagen über die Hintergründe der Selbsttötungswellen machen.

Die Forschungsfrage lautet also: Wie verfahren Journalisten mit psychologischem Konsenswissen? Um diesem Kriterium nachzugehen, werden vergleichsweise gut belegte psychologische Erkenntnisse ausgesucht und hinsichtlich der getroffenen Aussagen in Bereiche aufgeteilt. Danach wird untersucht, welche der Bereiche sich in der Berichterstattung der Journalisten widerspiegeln, in welchem Umfang und mit welcher Quelle.

2   Hintergrund und Relevanz der Frage

Die Wissenschaften als Teilsystem mit der Funktion der Wahrheitsfindung – so eine Beobachtung vor systemtheoretischem Hintergrund – werden in einer zunehmend komplexen Welt immer bedeutsamer, was etwa an der wachsenden Zahl der Wissenschaftler, die laut Weingart schneller ansteigt als die der Vertreter irgendeines anderen Teilbereichs der Gesellschaft, abzulesen ist.[1] Die Wissenschaften erfüllen heute Funktionen, die nach dieser Betrachtungsweise früher eher anderen Subsystemen zukamen. Aus dieser gesteigerten Relevanz ergibt sich in der Öffentlichkeit ein erhöhter Bedarf an Orientierung über wissenschaftliche Erkenntnisse und Vorgänge. So deuten Belege darauf hin, dass das Publikumsinteresse an wissenschaftlichen Themen steigt.[2] Um diesem Interesse nachzukommen, spielen die sogenannten Massenmedien eine Schlüsselrolle, da sie mit zunehmender Ausdifferenzierung unserer Gesellschaft „für die meisten Menschen bei einer Vielzahl von Themen zur einzigen Informationsquelle"[3] geworden sind. Innerhalb des Bereichs der Massenmedien sind wiederum journalistische Produkte besonders wichtig, wenn es um Information und Orientierung geht. Das gilt zum einen im Sinne eines Ratgeberjournalismus, der komplexe Zusammenhänge zu mehr oder weniger direkten Handlungsanweisungen vereinfacht, zum anderen kann es sich um nicht direkt anwendbare Hintergrundinformationen handeln, die dem Rezipienten bei kontinuierlicher Nutzung erst das nötige Fundament liefern, um bei komplexer Sachlage aufgeklärte Entscheidungen zu treffen.[4]

Auf den ersten Blick scheinen massenmediale Produkte diesem Bedarf zumindest quantitativ nachzukommen. Wissensthemen haben in Printmedien und Rundfunk Konjunktur, heißt es in einem FAZ-Artikel aus dem Jahr 2003.[5] Auch im Vorwort zu einem Überblickswerk über Wissenschaftsjournalismus aus dem Jahr 2007 wurde festgestellt: „Wer heute eine Zeitung aufschlägt, der kann sich vor Wissenschaftsberichterstattung kaum retten."[6] Eine Übersicht über weitere Indizien dafür, dass der Wissenschaftsjournalismus an Bedeutung gewinnt, kommt von Meier/Feldmeier (2005): Mehr Fernsehsendungen befassen sich mit Wissenschaft, mehr ent-

---

[1] Vgl. Weingart (2004), S. 13; für eine Übersicht der Vertreter der These einer steigenden Bedeutung der Wissenschaft und ihrer Hauptargumente vgl. auch Kohring (1997), S. 69f.

[2] Vgl. Meier/Feldmeier (2005), S. 201f.

[3] Ebd., S. 14.

[4] Vgl. auch Meier/Feldmeier (2005), S. 203.

[5] Müller-Jung (2003).

[6] Kienzlen/Lublinski/Stollorz (2007), S. 11.

sprechende Artikel erscheinen in überregionalen Zeitungen, mehr Wissenschafts-
redakteure werden eingestellt.

Ruß-Mohl beobachtete, dass Wissenschaftsthemen zunehmend auch in anderen
Ressorts als dem der Wissenschaft, also etwa im Politik- oder Wirtschaftsteil, behandelt werden.[7] Meier/Feldmeier stellten in einer Befragung von 44 Zeitungs-
journalisten und 29 Führungskräften von Tageszeitungen fest, dass die Mehrheit der
Befragten den Bedarf an Wissenschaftsjournalisten für die nächsten Jahre als stei-
gend betrachten.[8] Um eine breite Öffentlichkeit über die Wissenschaft betreffende
Ergebnisse und Prozesse zu informieren, eignet sich in besonderem Maße die Tages-
presse. Während Wissenschafts- und Fachpublikationen von einer begrenzten Öffentlichkeit rezipiert werden, erreichen überregionale Tageszeitungen eine weitaus
größere – wenn auch durch überdurchschnittliche Bildung und soziökonomischen
Status gekennzeichnete – Masse an Rezipienten. Besonders überregionale Zeitungen gehören hinsichtlich des Maßes an Komplexität, das sie qua Platz und vermute-
ter Vorbildung der Leserschaft zu vermitteln in der Lage sind, zu den Organen, die
die strukturellen Voraussetzungen erfüllen, die Erkenntnisse der Wissenschaft zu
thematisieren. Auch die Tatsache, dass heute das Internet theoretisch jeden über
alles informiert, ficht diese Vermittlerrolle nicht an. Zumindest mittelfristig sind
Zeitungen nicht ohne Weiteres zu ersetzen: Sie haben bei den Lesern eine höhere
Glaubwürdigkeit als etwa Blogs, und die gedruckte Zeitung ist glaubwürdiger als
die Onlinepräsenz des gleichen Blattes.[9]

Gleichzeitig finanzieren sich Tageszeitungen, abgesehen von Hilfen wie einer
herabgesetzten Mehrwertsteuer, marktwirtschaftlich durch Verkaufserlöse und An-
zeigen. Im Zuge der Zeitungskrise gingen beide Einkunftsquellen im letzten Jahr-
zehnt stark zurück, und viele Zeitungen verfügen je nach dem finanziellen Rahmen,
den die Verleger ihnen zugestehen, über erheblich verminderte Ressourcen. Die Arbeit, die der einzelne Journalist in der gleichen Zeit erledigen muss, ist demzufolge
gestiegen und damit auch der Produktionsdruck.[10] Auch deuten Studien darauf hin,
dass die Informations- und Interaktionsangebote des Web2.0 das Arbeitstempo betroffener Redakteure steigert.[11]

Die Ausgangslage ist also, dass zum einen der Stellenwert der Wissenschaft und
so auch die Relevanz des Wissenschaftsjournalismus höher ist als je zuvor, sich
der Printjournalismus zum anderen in einer Phase besonders niedriger Ressourcen
befindet. Die vorliegende Arbeit soll unter diesen Vorzeichen Erkenntnisse darüber
bringen, wie die Wissenschaftsberichterstattung in Tageszeitungen zu einem alltags-

---

[7] Vgl. Ruß-Mohl (1987), S. 35.

[8] Die Autoren werten dieses Ergebnis als überraschend, da sich die Branche in einer Zeit sin-
kender Auflagen und Anzeigenerlöse befindet; vgl. Meier/Feldmeier (2005), S. 202.

[9] Vgl. etwa Neuberger (2003).

[10] Für eine Übersicht über Studien zu diesem Thema vgl. Schnedler (2009).

[11] Vgl. N. N. (2010c).

nahen, das heißt für die praktische Lebensführung vergleichsweise relevanten psychologischen Thema funktioniert. Es soll analysiert werden, wie überregionale Tageszeitungen unter den heutigen Umständen mit psychologischen Erkenntnissen zum Thema *psychische Gesundheit am Arbeitsplatz* umgehen, wie also in diesem sehr spezifischen Teilbereich des Wissenschaftsjournalismus – in den Begriffen der Systemtheorie – die Komplexität reduziert wird.

Der Journalismus soll mit wissenschaftlichen *Methoden* untersucht werden – gleichzeitig soll nicht der Fehler begangen werden, den Journalismus an anderen *Kriterien* als den eigenen zu messen. Das bedeutet für die Untersuchung, keine überhöhten normativen Maßstäbe etwa für Qualität anzulegen, nur um später zwangsläufig festzustellen, dass diese nicht erfüllt werden.[12] Stattdessen wird in einem explorativen Design vor systemtheoretischem Hintergrund der Frage nachgegangen, wo die Journalisten im Spannungsfeld verschiedener Bereiche, wie Individuum, Arbeitsumfeld oder privates Umfeld, Akzente setzen. Welche Bereiche beachten und betonen sie weniger? Sämtliche Ergebnisse dieser explorativ orientierten Inhaltsanalyse werden – im Sinne einer Trennung zwischen Inhaltsanalyse und Inferenz nach Früh (2007) – anschließend interpretiert. Sollte die Untersuchung ergeben, dass bestimmte Wissensbereiche von der Gesamtheit der Artikel nicht oder kaum behandelt werden, liegt insgesamt in der verfügbaren Masse an Informationen eine Schieflage vor, deren potentielle Folgen für Rezipienten und Gesellschaft bedenklich sind. Ausdrücklich soll nicht der einzelne Artikel danach bewertet werden, welche Bereiche psychologischen Wissens er behandelt, denn ein einzelner Text muss – so die Hintergrundannahme dieser Arbeit – nicht ausgeglichen sein, die Masse an Texten dagegen schon.

Diese Arbeit konzentriert sich lediglich auf einen Ausschnitt der Wissensvermittlung, die Publikationsebene, und versucht sich nicht an einer abschließenden Bewertung der journalistischen Leistung. Um etwa Qualitätskriterien zu bestimmen, mit deren Hilfe das Verhalten der Journalisten bewertet werden kann, und um die Beweggründe der Journalisten zu erforschen oder in Erfahrung zu bringen, wie das vermittelte Wissen rezipiert wird, sind weitere Forschungen notwendig.

Das Thema *psychische Gesundheit am Arbeitsplatz*, konkret die Selbsttötungswelle in einem Unternehmen, wurde aus zwei Gründen als Spezifikation der Frage um die Vermittlung wissenschaftlicher Erkenntnisse ausgewählt:

• Das Thema erscheint alltagsnah, steht also in engem Bezug zur Lebenswelt des durchschnittlichen Lesers. Zwar ist nicht jeder Zeitungsleser nah an einem derart beträchtlichen psychischen Ungleichgewicht, das in der Regel die Voraussetzung

---

[12] Für eine ausführliche Kritik dieses Vorgehens vgl. Lehmkuhl (2006), S. 16ff.: Lehmkuhl stellt die Frage, ob es sich bei den in der Wissenschaftsjournalismusforschung vermeintlich erkannten Fehlern tatsächlich um solche handelt. Bei fehlerhaften Vereinfachungen werde es „fragwürdig, ob überhaupt von einem Fehler gesprochen werden kann", bei Deutungs- und Auslassungsfehlern ebenfalls. Lehmkuhl suggeriert: Schlimmer als genannte Übersetzungsfehler sei eine zu unkritische Haltung der Journalisten gegenüber der Wissenschaft.

für eine Selbsttötung ist, doch die grundsätzlichen Prozesse und Spannungsfelder, die in Modellen zur psychischen Gesundheit und psychischen Krankheiten am Arbeitsplatz skizziert werden, beziehen sich in aller Regel nicht auf Einzelne, sondern auf eine Gruppe von Individuen oder sogar auf den Menschen an sich.[13] Das schließt auch die Nicht-Kranken mit ein. Somit sind sowohl die Modelle als auch die Nachrichten von dem psychologischen *Worst Case*, der Selbsttötung, im weiteren Sinne für jeden Beschäftigten und potentiell Beschäftigten, also die überwältigende Mehrheit der Zeitungsleser, interessant.

• Des Weiteren sind psychische Belastungen am Arbeitsplatz, insbesondere Stress, Untersuchungen zufolge ein Phänomen, das sowohl auf viele Arbeitnehmer zutrifft als auch auf individueller, organisationaler wie auf gesamtgesellschaftlicher Ebene weitreichende negative Folgen hat. Eine Zusammenfassung findet sich bei Bamberg et al.[14] Demnach falle der deutsche Arbeitnehmer mindestens vier Tage pro Jahr wegen einer arbeitsbedingten Stresserkrankung aus, EU-weit leiden 28% der Erwerbstätigen oder 41 Millionen unter arbeitsbedingtem Stress. Schätzungen beziffern die Kosten von Stress am Arbeitsplatz EU-weit auf 5–10% des Bruttosozialprodukts. Hinsichtlich des Zusammenhangs zwischen psychischen Vorgängen und somatischen Erkrankungen fassen Rigotti und Mohr zusammen:

„Ein substanzieller Zusammenhang zwischen psychologischen Faktoren, wie monotone Arbeitsbedingungen oder Zeitdruck und Nacken- und Rückenschmerzen ist vielfach nachgewiesen (…). Ebenso unstrittig ist, dass (…) durch Stress die Immunabwehr geschwächt wird und das Risiko einer Infektionserkrankung steigt."[15]

---

[13] Vgl. Sedlmeier/Renkewitz (2008), S. 4.
[14] Vgl. Bamberg et al. (2006), S. 6f.
[15] Rigotti/Mohr (2011), S. 64.

3 Forschungsstand „Wissenschaftsberichterstattung"

3.1 Theoretische Debatte

In den letzten Jahren wurde das Thema „Wissenschaftsjournalismus" nach Jahrzehnten der gelegentlichen Forschung auf wenig diskutierter theoretischer Basis (siehe 3.1.2) zunehmend intensiv bearbeitet. Vor sechs Jahren notierte Matthias Kohring, einer der am produktivsten und intensivsten mit dem Thema befassten deutschen Forscher, der Wissenschaftsjournalismus sei „in den letzten zehn Jahren kein prominentes Thema in der deutschen Forschung gewesen"[16]. Neben seiner eigenen Arbeit fand er in diesem Zeitraum nur eine Monographie; auch Zeitschriftenartikel, speziell zum Wissenschaftsjournalismus (in Abgrenzung zu Wissenschafts-PR, der von Partialinteressen bestimmten Außenkommunikation wissenschaftlicher Institutionen), seien selten. Zwei Jahre später nannte Schäfer die Wissenschaftsberichterstattung in den Massenmedien (die Definitionen sind weitgehend deckungsgleich) ein „zentrales Thema der Wissenschaftssoziologie und der Kommunikationswissenschaft"[17], das theoretisch wie empirisch aber „noch nicht hinreichend durchdrungen"[18] sei.

Zunächst werden im folgenden Abschnitt zwei Ansätze aus der Kommunikationswissenschaft vorgestellt: Als Erstes der Popularisierungsansatz – bis vor einigen Jahren vorherrschend –, der ausführlich geschildert wird, um den Beobachtungsansatz verständlicher zu machen; danach, verbunden mit der Kritik am Popularisierungsansatz, der Beobachtungsansatz, der den theoretischen Rahmen für diese Arbeit bildet. Anschließend wird als drittes Modell ein in den letzten Jahren viel diskutierter und laut Schäfer[19] als Grundlage für eine maßgebliche Zahl an Untersuchungen benutzter soziologischer Ansatz zum Thema genannt: der Medialisierungsansatz. Er hat zwar keinen direkten Einfluss auf das Untersuchungsdesign, jedoch korrespondieren mit ihm einige Grundüberlegungen des Beobachtungsansatzes, und er operiert ebenfalls vor einem systemtheoretischen Hintergrund.

3.1.1 Popularisierungsansatz

Der Leipziger Journalistikwissenschaftler Michael Haller beschrieb die Sicht der Naturwissenschaftler auf die Wissenschaftsjournalisten mit einer auf den ersten Blick schräg anmutenden, aber inhaltsreichen Metapher, nämlich mit Michelangelos Gemälde *Die Erschaffung Adams*:

---

[16] Kohring (2005), S. 181.
[17] Schäfer (2007), S. 58.
[18] Ebd.
[19] Vgl. ebd., S. 26.

„Aus seinem mysteriös zur Wolke drapierten Gewand streckt Gottvater seinen Finger dem auf der Erde liegenden Adam entgegen, um ihn zum Leben zu erwecken. Mit ähnlich groß-artigen Posen möchten viele Wissenschaftler mittels der Journalisten die tumbe Welt er-wecken."[20]

Dieses hierarchische Verständnis des Zusammenspiels („der Wissenschaftler oben, die Journalisten unten"[21]) scheint nicht nur, wie von Haller persifliert, lange den prakti-schen Umgang der Wissenschaftler mit Journalisten bestimmt zu haben, sondern dies immer noch zu tun: Der Wissenschaftler findet die Wahrheit heraus, der Journalist soll sie unbeschadet zum Rezipienten bringen und damit nicht zuletzt die Wissenschaften popularisieren. Dieses Verständnis war auch in der Reflexion eben dieses Zusammen-spiels durch Kommunikationswissenschaftler lange Zeit sowohl in Deutschland wie auch international dominierend. Der philosophische Hintergrund dieses Denkansatzes war ein entsprechendes Verständnis vom Verhältnis zwischen Massenmedien und Re-alität, von Kritikern wie Weischenberg schlicht „Realismus" genannt:

„Dazu gehören der Glaube an allmächtige Medien, der pauschale Vorwurf der Manipula-tion durch Medien, das Beharren auf der Existenz von Falsifikationsmaßstäben für Me-dienrealität, der Rekurs auf ontologische Gewissheiten und damit auf absolute Bezugs-punkte für die Beurteilung von Medienkommunikation."[22]

Auf den Wissenschaftsjournalismus bezogen bedeutet dieses Paradigma Folgendes: Die Forscher finden die Wahrheit – die zweifellos und beobachterunabhängig be-steht – heraus. Die Journalisten sollen sie anschließend möglichst unverfälscht und ohne unzulässige Verknappungen an die Allgemeinheit bringen, ohne die Realität durch eine unzutreffende „Medienrealität"[23] zu ersetzen. Werden die Journalisten den Forschungsergebnissen nicht gerecht, dann verdienen sie offenbar nicht einmal die Beschreibung „Wissenschaftsjournalisten"[24]. Lublinski legte nahe, dass schon dieses Wort aus einer wissenschaftszentrierten Sicht heraus oft genug falsch verstan-den wird. Nämlich als wissenschaftlicher Journalismus – als Journalismus, der sich wissenschaftlicher Methoden bedient und die Standards dieses Bereichs an sich selbst anlegt, was mit der journalistischen Rolle als unabhängiger Beobachter unver-einbar sei.[25]

---

[20] Haller (1992), S. 39.

[21] Ebd.

[22] Weischenberg (1995), S. 47.

[23] Dies ist ein Schlagwort, das nicht nur im Umgang des Journalismus mit wissenschaftlichen Erkenntnissen, sondern mit Themen verschiedenster Art zu hören und lesen ist. Zur Debatte um das Verhältnis zwischen Medien und Realität vgl. auch Weber (2005) sowie für eine Gegenüberstellung der ptolemäisch genannten Vorstellung der Medien als Spiegel der Wirk-lichkeit mit der kopernikanisch bezeichneten Position der Medien als „Wirklichkeits-apparate" Schulz (1989).

[24] Göpfert/Ruß-Mohl, (2006), S. 12.

[25] Vgl. Lublinski (2004), S. 22, vgl. zur Kritik des Begriffs „Wissenschaftsjournalismus" auch Haller (1992).

Auch hinter Hans Mathias Kepplingers Formulierung der *Skandalierung* steht das „ptolemäische"[26] Verständnis von den Medien als außerhalb der Gesellschaft stehende, im günstigen Fall akkurate, im ungünstigen Fall verzerrende Spiegeln äußerer Realität. So schrieb Kepplinger in einem Beitrag zur von ihm vermuteten „Skandalisierung"[27] Thilo Sarrazins von der „Hemmungslosigkeit vieler Angriffe auf die Skandalisierten, die zuweilen in einem grotesken Missverhältnis zur Bedeutung der kontroversen Sache stehen und aus ihr alleine nicht erklärt werden können"[28]. Inhaltlich soll dieser Satz nicht weiter diskutiert werden; interessanter ist das erkenntnistheoretische Verständnis, das aus ihm spricht. Der Begriff *Skandalisierung* lässt auf die Annahme schließen, hier sei durch die Medien ein Skandal erzeugt worden, der ohne diese nie zustande gekommen wäre. Dies ist eine Überlegung im Sinne der Spiegelmetapher und zu kurz gedacht, weil ohne die Beteiligung massenmedialer Produkte zumindest in westlich-modernen Gesellschaften kein von einem gewissen Maß an Aufmerksamkeit begleiteter Skandal mehr entstehen dürfte. Noch klarer hat Kepplinger sein Paradigma im nächsten Satzteil illustriert: Indem er von einem „Missverhältnis" der subjekterzeugten „Angriffe" zur – so legt die Formulierung nahe – quasi gegebenen „kontroversen Sache" spricht, postuliert er, es gäbe ein korrektes Verhältnis. Dieses müsse offenbar nur richtig von der einmal erkannten „Bedeutung der Sache" abgeleitet werden.[29] Analog formulierten im Standardwerk der Publizistik, dem *Fischer Lexikon*, Kepplinger und Elisabeth Noelle-Neumann im Zusammenhang mit der Diskussion um die Wirkung der Medien die Frage: „Gibt die aktuelle Berichterstattung das Geschehen sachlich angemessen wieder?"[30]

3.1.2   Beobachtungsansatz

Mittlerweile dominiert unter Theoretikern der Journalistik, Publizistik und Kommunikationswissenschaften in Deutschland[31] eher der Beobachtungsansatz, also die systemtheoretisch inspirierte Perspektive, Wissenschaft und Journalismus als unter-

---

[26] Schulz (1989), S. 140f.

[27] Offenbar hat der Autor zum Zeitpunkt der Veröffentlichung die eigenwillige, um eine Silbe verkürzte Schreibweise seines Schlagwortes aufgegeben.

[28] Kepplinger (2010), S. 20; vgl. auch Kepplinger (2005).

[29] Vgl. Kepplinger (2010), S. 20f.

[30] Kepplinger/Noelle-Neumann (2004), S. 602.

[31] Für Großbritannien konstatiert Kohring einen ähnlichen Paradigmenwechsel, nur mit anderen Schwerpunkten sowie auf höherem Niveau und gestützt von intensiverer und kontinuierlicherer Forschung und Diskussion. Die angloamerikanische Forschung dagegen sei zwar von den allzu plumpen Popularisierungsbestrebungen aus der Mitte des letzten Jahrhunderts abgerückt, habe aber ihre zentralen Prämissen nie überdacht; vgl. Kohring (2006), S. 193ff. und Kohring (1997), S. 173ff.

schiedliche Subsysteme unserer Gesellschaft mit eigenen Maßstäben zu betrachten.[32] Haller unterstellte schon 1992, beide Subsysteme verfolgten das Ziel der Wahrheitsfindung, aber mit unterschiedlichen Definitionen des Begriffs „Wahrheit". In der Wissenschaft gehe es „um die Bedingungen der Generalisierung methodologisch gewonnener Aussagen", den Journalisten eher „um die Rekonstruktion singulärer Situationen oder um die Beschreibung einer Normabweichung"[33]. Damals fehlte es allerdings nicht nur bei den Vertretern, sondern auch bei den Kritikern des Popularisierungsansatzes an einem theoretischen Fundament, das die Funktion des Journalismus unabhängig von der Wissenschaft zu bestimmen versucht.[34] Lublinski, der sich in seiner Untersuchung zur Organisation von Hörfunkredaktionen auf Kohrings[35] systemtheoretischen Rahmen stützte, führte die Unterschiede zwischen Journalisten und Wissenschaftlern konkreter aus. Zunächst die im Arbeitsalltag:

> „Wissenschaftler und Journalisten leben in zwei sehr unterschiedlichen Welten, in denen jeweils eigene Gesetze gelten. Wissenschaftler arbeiten langfristig an einer geringen Zahl von Projekten und publizieren für eine Fachöffentlichkeit. Journalisten arbeiten in kürzeren Zeitintervallen an einer größeren Zahl von Themen, sie bearbeiten ein breiteres Spektrum für die Öffentlichkeit."[36]

Anschließend behandelte er die Unterschiede in der Funktion:

> „In der Wissenschaft geht es um eine besondere Form der Suche nach Erkenntnis, während Journalisten veröffentlichen, um Themen zur öffentlichen Diskussion zu stellen, ihr Publikum zu informieren und um gesellschaftliche Prozesse und individuelles Handeln zu kontrollieren."[37]

In den Begrifflichkeiten unterscheiden sich Haller und Lublinski, aber in diesem Zusammenhang sind die Parallelen wesentlicher. Es handelt sich bei den Wissenschaften auf der einen und dem Journalismus auf der anderen Seite um verschiedene Bereiche der Gesellschaft (unterschiedliche Systeme), die nach unterschiedlichen Regeln funktionieren. Hier kann ein entschiedener Widerspruch zum Popularisierungsansatz konstatiert werden, der die Autonomie der Journalisten als sehr begrenzt betrachtet. Hallers und Lublinskis Ausführungen können als Vorüberlegungen zum Beobachtungsansatz angesehen werden.

---

[32] Sogar im Selbstverständnis der Wissenschaftler anderer Disziplinen scheint der Popularisierungsansatz mitsamt der Ansicht, die Wissenschaft eigne sich zumindest theoretisch als übergeordnete Entscheidungsinstanz, an Bedeutung verloren zu haben, wie etwa ein in der Frankfurter Allgemeinen Zeitung veröffentlichter Essay des früheren Vorsitzenden des Wissenschaftsrates, Peter Strohschneider (2011), vermuten lässt.

[33] Haller (1992), S. 42.

[34] Dröge/Wilkens (1991), Spinner (1985), auch Kohring (1997).

[35] Kohring (2006).

[36] Lublinski (2004), S. 23.

[37] Ebd.

Bei Kohring handelt es sich um einen der eloquentesten Vertreter der system-theoretisch fundierten Betrachtung des Wissenschaftsjournalismus.[38] Er sieht dessen Aufgabe darin, einerseits die Wissenschaft für die Gesellschaft und andererseits die Gesellschaft für die Wissenschaft zu beobachten. So erklärt sich auch der Name des in erster Linie von ihm theoretisch begründeten Beobachtungsansatzes. Durch diese gegenseitige Beobachtung soll eine „Dauerkommunikation zwischen Wissenschaft und öffentlicher Meinung"[39] ermöglicht werden, die indirekt die gesellschaftliche Akzeptanz für Wissenschaft und Technologie fördert. Dem Popularisierungsansatz – nicht von dessen Vertretern, sondern von Kohring und anderen Kritikern so etikettiert – wies er eine falsche, weil wissenschaftszentrierte Sichtweise nach: Die Journalisten sollen bitte nichts verfälschen, sondern die bereitgestellten Erkenntnisse wohlbehütet transportieren. Dass dies eine einseitige Sicht zugunsten der Interessen der Wissen-schaftswelt ist und eng mit der mittlerweile zu Recht überkommenen Vorstellung zusammenhängt, die wissenschaftlich-technische Entwicklung garantiere auch eine positive gesamtgesellschaftliche Entwicklung,[40] leuchtet ein. Konsequent zu Ende gedacht, würde dieser Ansatz den Journalisten bei der Berichterstattung über wissen-schaftliche Themen jegliche Eigenständigkeit verbieten. Würde man diesen Ansatz auf andere Felder der Berichterstattung ausweiten, so dürften Kulturjournalisten etwa nur das schreiben, was die Akteure im Bereich der Kunst und Kultur für richtig halten, und Politikjournalisten müssten sich zu Öffentlichkeitsarbeitern der Parteien und anderer Protagonisten dieses Gesellschaftsbereichs machen lassen.[41]

Dieser, etwa von Ruß-Mohl explizit, von Forschern oft auch implizit vertretenen Auffassung[42] wies Kohring nicht nur einzelne theoretische Schwächen nach, son-dern stellte fest, dass es ihr an der funktionalen Verortung des Journalismus in der Gesellschaft und darauf aufbauend einer Definition der Funktion des Wissenschafts-journalismus mangle. So werde „die Überlegung, dass auch Journalismus eine eigenständige Funktion zukommen könnte, außer acht gelassen"[43]. Das gehe in der Sub-Domäne des Wissenschaftsjournalismus manchmal so weit, dass „die Unter-scheidung zwischen den Bereichen Wissenschaft und Journalismus aufgehoben wird, indem gleiche Interessen unterstellt werden"[44].

---

[38] Für eine Zusammenfassung der Betrachtungen des Journalismus aus systemtheoretischer Perspektive, die letzten Jahre ausgenommen, vgl. Scholl/Weischenberg (1998).

[39] Ebd., S. 81.

[40] Vgl. Kohring (1997), S. 279.

[41] Vgl. zu dieser Überlegung auch Lublinski (2004), S. 23.

[42] Vgl. Haller (1987): Wenn dies auch nicht explizit dargelegt ist, lässt der Aufbau der Studie (Wissenschaftler beurteilen, ob die Journalisten richtig liegen) doch eindeutig auf ein Trans-portmodell als Paradigma schließen, bei dem Journalisten Wahrheiten zu überbringen haben, ohne sie zu verfälschen – alleiniger Maßstab für Wahrheit ist die wissenschaftliche Perspektive.

[43] Kohring (1997), S. 61.

[44] Ebd.

Statt zunächst den Bereich *Journalismus* funktional zu definieren, um dann speziell den Wissenschaftsjournalismus zu behandeln, weisen Kepplinger, Ruß-Mohl
und andere dem Wissenschaftsjournalismus direkt und ohne vorangehende Überlegungen oder Herleitungen Funktionen zu. Die wichtigste unter ihnen ist die
Popularisierungsfunktion. Kepplinger nimmt diese Zuweisung meist implizit vor.
Als Beispiel sei eine Textstelle aus der Einleitung seiner Studie zur Berichterstattung
über Gentechnik genannt, in der er ein „zunehmendes Misstrauen von Journalisten
gegen die etablierte Wissenschaft und eine wachsende Sympathie für die Ziele ihrer
Gegner"[45] moniert. Im Umkehrschluss wäre das Vorgehen der Journalisten also nach
Kepplinger offenbar dann richtig und nicht zu beanstanden, würden die Wissenschaftsjournalisten mit den Verfahrensweisen und Zielen der etablierten Wissenschaften sympathisieren und für sie werben.

Kohring selbst hat es sich offenbar zum Ziel gesetzt, diese Herleitung von der
Funktion des Journalismus zur Funktion des Wissenschaftsjournalismus zu schaffen: Im Anschluss an eine ausführliche, kritische, zuweilen polemische Aus-
einandersetzung mit dem Popularisierungsansatz (von Kohring auch „Zweck-
programmierung" genannt) entwickelte er den eigenen Ansatz, im Folgenden der
Einfachheit halber *Beobachtungsansatz* genannt. Der Systemtheorie Luhmanns fol-
gend, postuliert Kohring die Systembildung als eine Antwort auf eine zunehmend
komplexe Gesellschaft. Die Existenz verschiedener autonom agierender Systeme
wie Religion oder Politik reduziert die Komplexität, auf die jeweils innerhalb eines
Systems reagiert wird. Gleichzeitig ist die Folge der nebeneinander existierenden
Systeme auch eine Pluralität widersprüchlicher, unvereinbarer Perspektiven. Eine
verbindliche Sicht auf die Welt, wie sie einst etwa die Religion festlegte, gibt es
in der nach der Systemtheorie modellierten Gesellschaft nicht mehr. Die Beziehung
eines Subsystems zur Gesellschaft als Ganzes nennt sich in diesem Paradigma
Funktion.[46]

Dem Funktionssystem *Öffentlichkeit* wies Kohring die Funktion zu, die Ereignisse aus den unterschiedlichen Systemen jeweils für den Rest der Gesellschaft zu
beobachten[47] – hier wich er von Luhmann ab, der eine solche Beobachtung zwar für
sinnvoll, aber unmöglich hält. Zur Öffentlichkeit gehört mehr als der Journalismus;
er ist allerdings ein zentraler und hervorgehobener Bestandteil von ihr (in der Sprache Kohrings übernimmt er die „Leistungsrolle im Funktionssystem"[48]). Dem Journalismus als Funktionssystem schrieb Kohring mit dem Publizistikforscher Rühl als
wichtigstes Merkmal den „gesellschaftlich konsentierten Primat, Themen zur öffentlichen Kommunikation herzustellen und bereitzustellen"[49] zu.

---

[45] Kepplinger (1991), S. 14f.
[46] Kohring (2006).
[47] Vgl. ebd., S. 260, vgl. auch Marcinkowski (2003), insb. S. 113ff.
[48] Ebd., S. 265.
[49] Rühl (1980) S. 329, zitiert nach Kohring (2006), S. 265.

Journalismus selektiert aus Kohrings Sichtweise die Ereignisse dann zur Berichterstattung, wenn „(…) sie zur Ausbildung gesellschaftlicher Umwelterwartungen beitragen können"[50]; ob das geschieht, bemisst sich nach ihrer „*vermuteten Irritationskraft für ihre gesellschaftliche Umwelt*"[51]. Die Irritationskraft ist dann hoch, wenn das Ereignis dazu geeignet ist, die Erwartungen an die Umwelt in mindestens einem anderen System als dem eigenen zu verändern. Kohring illustrierte diesen Aspekt mit dem Kruzifix-Urteil[52] von 1995: Es stamme aus dem Rechtssystem, habe aber auch „im System Religion sowohl einen hohen Neuigkeitswert", außerdem stelle es „relativ stabile Erwartungen über die gesellschaftliche Stellung der großen Kirchen in Frage"[53]. Ebenso sei das Ereignis zumindest für Teilbereiche der Politik, nämlich die CSU, relevant.[54]

Diese These hat (wenngleich theoretisch aufwändiger) manches gemeinsam mit der empirisch belegten, in der Journalistik zum Konsens gehörenden und oft als praktische Anleitung benutzte *Nachrichtenwert-Theorie*. Ihre Vertreter bestimmen wahrnehmungspsychologisch begründete Faktoren, die die Journalisten bewegen, aus unendlich vielen Geschehnissen diejenigen auszuwählen, über die sie berichten.[55] Der Tenor der Nachrichtenwert-Theorie lautet zusammengefasst: Bedeutet das Ereignis keine maßgebliche, zumindest für einen Teil der Rezipienten relevante Veränderung der Umwelt, so wird es in der Regel nicht selektiert. Diese Nachrichtenwert-Theorie setzt sich unter anderem mit den Nachrichtenfaktoren *Schwellenfaktor*, *Eindeutigkeit*, *Bedeutsamkeit* und *Überraschung* auseinander.[56]

Dass Kohrings Theorie über die Selektionsprinzipien die systemtheoretisch formulierte Weiterentwicklung einer altbewährten Konsensthese ist, schmälert nicht ihren Wert. Vor dem Hintergrund der Popularisierungsthese, die dem Journalismus kaum Autonomie zugesteht, entwickelte Kohring zum einen aus der Systemtheorie heraus die Funktion des Journalismus, zum anderen bestimmte er in der Theorie mittels der journalistischen Selektionsprinzipien das Wesen eines Subsystems *Journalismus*. Dieses muss nach Kohring zwar auf die Erwartungen anderer Systeme eingehen, wenn es die Gesellschaft für sie beobachtet, tut dies aber autonom, also auf der Grundlage eigener Entscheidungen und nach einem eigenen Wahrheits- und Objektivitätsbegriff. Dies erscheint nicht nur auf normativer, sondern auch auf rein deskriptiver Ebene sinnvoller und fruchtbarer, als die Journalisten als bloße, mehr oder we-

---

[50] Kohring (2006), S. 268.
[51] Ebd. Hervorhebung im Original.
[52] Mit ihm bewertete das Bundesverfassungsgericht die Anbringung von Kreuzen in Klassenräumen als grundgesetzwidrig.
[53] Kohring (2007), S. 32.
[54] Nicht ausgeführt wurde, dass das Urteil auch für Teilbereiche des Systems Bildung relevant sein dürfte.
[55] Vgl. Schulz (2004), S. 352ff.
[56] Ebd.

niger gute Vermittler unabhängig von ihnen existierender Wahrheiten zu betrachten –
und zwar vor allem wegen der erkenntnistheoretischen Probleme dieser eher schablo-
nenhaften und von der überkommenen Subjekt-Objekt-Dualität gekennzeichneten
Sichtweise, die unstrittige und vor allem klar erkennbare Wahrheiten voraussetzt, die
dann offenbar nur noch von den Journalisten aufgeschrieben werden müssen.[57]

Darauf aufbauend, definiert Kohring die Funktionen des Wissenschaftsjournalismus:[58] Dies sei zum einen, die Wissenschaft für die Gesellschaft zu beobachten,
also die unter dem Selektionsprinzip der Geeignetheit für die Ausbildung gesellschaftlicher Umwelterwartungen relevanten Ereignisse aus dem System *Wissenschaft* für alle anderen Systeme zu beobachten, zum anderen, die Gesellschaft für die
Wissenschaft zu beobachten, also von Ereignissen zu berichten, die in der Umwelt
der Wissenschaft stattfinden und geeignet sind, die Erwartungen des Systems *Wissenschaft* an seine Umwelt zu verändern. In diese Kategorie fallen etwa politische Ereignisse, die die Wissenschaft betreffen. Kohring begründete diese Definition mit
dem Hinweis, die Beobachtung des Systems *Wissenschaft* müsse vor dem Hintergrund der Problemorientierung geschehen.[59] Fragen nach dem Journalisten oder seinem
Arbeitsumfeld, etwa wer den jeweiligen Beitrag erarbeitet und für welches Medium
oder Ressort, spielen dabei keine Rolle: „Die Identifizierung von Wissenschaftsberichterstattung kann (…) nur über Themen erfolgen, kommunikatorzentrierte Definitionen führen zu nicht-validen Ergebnissen."[60] Lublinski fasste die Definition
Kohrings so zusammen:

> „Das heißt, jede Bezugnahme zum System Wissenschaft in einem journalistischen Bericht
> macht diesen zum Teil der Wissenschaftsberichterstattung, auch wenn sein Schwerpunkt
> an einer ganz anderen Stelle liegt. Es genügt, wenn zum Beispiel eine Person, eine Institu-
> tion oder eine Erkenntnis aus dem Wissenschaftssystem in dem Bericht enthalten ist."[61]

In einem Aufsatz, der auf seine Monographie „Wissenschaftsjournalismus" folgte,
integrierte Kohring sein Konzept des Vertrauens in seine Theorie des Wissenschaftsjournalismus.[62] In einer komplexen Gesellschaft wie unserer sei es unmöglich, alle
Entscheidungen auf der Grundlage von Wissen zu treffen. Das Vertrauen diene als
Ersatz für Wissen und helfe uns bei der Orientierung in der Umwelt, indem es die
Komplexität reduziert. Kohring nannte als Beispiel den für den Patienten neuen
Zahnarzt, auf dessen Fähigkeiten er vertraut, weil es sauber ist, der Arzt ihm gut zu-
redet, Auszeichnungen an der Wand hängen und das Wartezimmer voll ist. Mit die-
sen Orientierungshilfen schaffe der Arzt nach Kohring einen Ersatz für das *Wissen*

---

[57] Vgl. hierzu auch Weber (2002), S. 73f.
[58] Vgl. Kohring (2006), S. 279ff.
[59] Ebd., S. 282.
[60] Ebd.
[61] Lublinski (2004), S. 29.
[62] Kohring (2007).

um die zu erwartende Qualität der Behandlung, die für den Patienten zu diesem Zeitpunkt noch nicht einschätzbar ist.[63]

Der Wissenschaftsjournalist, von Kohring „Vertrauensinformant"[64] genannt, liefert Informationen, die als Grundlage für die Entscheidungen der Rezipienten darüber dienen, wem sie vertrauen. Dies tut er nach eigenen, nicht-wissenschaftlichen Kriterien, orientiert an den Erwartungen seiner Rezipienten. Die Schlussfolgerung von Kohring: Die wissenschaftsjournalistische Qualität bemisst sich nicht allein darin, wie akkurat sie Ergebnisse vermitteln, sondern sie bedeute

> „(...) vielmehr, den gesellschaftlichen Akteuren ein unabhängiges Bild der Wissenschaft zu vermitteln, um ihnen so eine informierte Vertrauensbeziehung zu ermöglichen. Qualität im Wissenschaftsjournalismus bedeutet zugleich, ‚der Wissenschaft' ein unabhängiges Bild der Gesellschaft ‚da draußen' zu vermitteln, damit sich auch Wissenschaftler über die gegenseitigen Vertrauensbeziehungen informieren können."[65]

Kohring fasste weiter zusammen und beschrieb, wie das Kriterium der journalistischen Qualität vor diesem Paradigma zu konkretisieren ist:

> „Meine These ist, dass die Qualität des Wissenschaftsjournalismus nicht primär an der Zielvorgabe der Wissensvermittlung von der Wissenschaft in die Gesellschaft zu messen ist, sondern an der Zielvorgabe der Vertrauensvermittlung zwischen Gesellschaft und Wissenschaft. Dies schließt natürlich die Vermittlung wissenschaftlicher Erkenntnisse mit ein, da es ja gerade Ziel der Wissenschaft ist, der Gesellschaft ein geprüftes Orientierungs- und Prognosewissen und ein Deutungswissen für gesellschaftliche Ereignisse und Vorgänge anzubieten. Diese Vermittlung von Erkenntnissen findet aber mit Bezug auf die Bedürfnisse des Publikums statt, und das unterscheidet sie deutlich von den alten Konzepten einer hierarchischen Wissenschaftskommunikation. Es geht nicht um das wissenschaftliche Wissen an sich, sondern es geht um das wissenschaftliche Wissen im jeweiligen Lebenszusammenhang seiner nicht-wissenschaftlichen Nutzer."[66]

3.1.3 Medialisierungsansatz

Der Medialisierungsansatz – hier im Wesentlichen nach der treffenden Zusammenfassung des Soziologen Mike Schäfer[67] – postuliert zwei Tendenzen: Die eine ist die „Verwissenschaftlichung der Gesellschaft" – also eine, in der Zusammenfassung Schäfers, „zunehmende Durchdringung von immer mehr Lebens- und Handlungsbereichen durch wissenschaftliches Wissen"[68], die andere eine Kopplung der Wissenschaft an die Gesellschaft. Damit meint Schäfer einen zunehmenden Einfluss anderer gesellschaftlicher Teilsysteme auf die Wissenschaft, insbesondere der Politik, der

---

[63] Vgl. Kohring (2007), S. 30.
[64] Kohring (2007), S. 34.
[65] Ebd., S. 36; Hervorhebungen im Original.
[66] Ebd., S. 37.
[67] Schäfer (2007).
[68] Schäfer (2007), S. 27.

Wirtschaft und – für den Ansatz von zentraler Bedeutung – der Massenmedien. Aus diesen beiden Tendenzen folgen laut Schäfer zum einen eine quantitative Zunahme der Wissenschaftsberichterstattung, zum anderen ein Wandel, was das *Wie* betrifft. Die Wissenschaftsberichterstattung rückt davon ab, allein die Perspektive der Wissenschaft wiederzugeben.

Schäfer fasste zwei Konzepte zusammen, die diese zweite postulierte Tendenz genauer beschreiben: Einerseits habe sich die Wissenschaftsberichterstattung pluralisiert (neben Wissenschaftlern kommen auch andere Akteure zu Wort), andererseits sei die Berichterstattung kontroverser als früher geworden: Die Wissenschaftler werden nicht mehr als Experten betrachtet, von denen bis auf Weiteres angenommen wird, sie seien im Recht, sondern ihre Thesen und Ergebnisse wurden inzwischen zum ständigen Gegenstand der Kontrolle und Diskussion und werden als eine Perspektive unter mehreren aufgefasst.

Die im aus der Soziologie stammenden Medialisierungsansatz vertretenen Tendenzen entsprechen in etwa den Postulaten des aus den Kommunikationswissenschaften stammenden Beobachtungsansatzes. Auch im systemtheoretischen Hintergrund gleichen sich die beiden Ansätze, die wichtigsten Unterschiede sind die folgenden: Der Beobachtungsansatz sucht die gesellschaftliche Funktion des Journalismus – und darauf aufbauend des Wissenschaftsjournalismus – herzuleiten, das Ziel des Medialisierungsansatzes bleibt dagegen im Deskriptiv-Erklärenden bei erweitertem Themenfeld: Er postuliert vor dem Hintergrund angenommener gesamtgesellschaftlicher Veränderungen geschehene oder im Geschehen begriffene Veränderungen im Verhältnis zwischen Wissenschaft und Massenmedien. Diese zeitliche Dimension unterscheidet ihn vom Beobachtungsansatz. Auch geht der Medialisierungsansatz im Gegensatz zum Beobachtungsansatz induktiv vor und ist zudem konkreter. Seine maßgebliche Einheit ist der journalistische Beitrag: *Wie wird über Wissenschaft geschrieben?* Der Beobachtungsansatz geht dagegen deduktiv vor: Die Funktion des Journalismus leitet er nicht empirisch, sondern aus systemtheoretischen Überlegungen ab.

Schäfer kritisierte den Medialisierungsansatz dafür, dass er auf den eigenen Geltungsbereich bezogen im Vagen bleibt, also nicht erklärt, *welche* Teile der Wissenschaft beziehungsweise ob alle Bereiche betroffen sind. Außerdem übte Schäfer Kritik daran, dass nicht eindeutig angegeben wird, ob der Prozess der Medialisierung aus Sicht der Vertreter des Paradigmas abgeschlossen ist oder noch andauert.[69]

3.2   Untersuchungen

Die Forschung zum Zusammenspiel zwischen Journalismus und Wissenschaft fand in Deutschland – wie auch die theoretische Debatte – in den letzten Jahren weder in-

---

[69] Vgl. Schäfer (2007), S. 31.

tensiv noch kontinuierlich statt und beschränkte sich in vielen Fällen auf einzelne, oft nicht repräsentative Erhebungen.[70] In den meisten Fällen wird ein Teilprozess für sich betrachtet, etwa das Zustandekommen eines oder mehrerer Artikel, deren Wirkung oder – wie auch in dieser Arbeit – ihr Inhalt. Interdisziplinäre empirische Forschungen zur Betrachtung des Themas in einem größeren Zusammenhang gibt es noch nicht – auch den Rahmen dieser Arbeit würde ein derartiges Vorhaben sprengen. Im Folgenden sollen wichtige und exemplarische Untersuchungen zum Thema *Wissenschaftsjournalismus* dargestellt werden. Die Einteilung nach theoretischem Modell erfolgt dabei zum Zweck der Orientierung und notwendigerweise nur approximativ. So operierte etwa Lukosch nicht direkt auf der Grundlage des Beobachtungsansatzes, lehnte sich aber an systemtheoretische Annahmen an und wird darum dem Paradigma zugeteilt.

3.2.1 Untersuchungen vor dem Hintergrund des Popularisierungsansatzes

Die Studie eines Leipziger Journalistikwissenschaftlers beschäftigte sich zu einem frühen Zeitpunkt explorativ mit dem Thema Wissenschaftsberichterstattung. Michael Haller untersuchte 1987 per Inhaltsanalyse die Berichterstattung vier überregionaler Tageszeitungen zum GAU von Tschernobyl, um herauszufinden, „(...) wie die Tageszeitungen mit komplexen wissenschaftsbezogenen Themen überhaupt umgehen"[71]. Der Erhebungszeitraum begann am 2. Mai 1987, fünf Tage nach den ersten Nachrichten über das Ereignis, und endete 15 Tage beziehungsweise 14 Ausgaben später. Texte wurden erfasst, so sie Angaben zu den Kraftwerken, dem Unfallgeschehen und den verursachten Schäden enthielten. Die 171 ausgewählten Artikel wurden von zwei vom Autor diesbezüglich als neutral eingeschätzten Nuklearphysikern – unabhängig voneinander und ohne Zuhilfenahme von Literatur – auf Fehler überprüft. Fehlerhaft war per Definition das, was beide ohne Zweifel so einstuften. Die Wissenschaftler identifizierten 199 Fehler, die Haller in faktische und Deutungsfehler unterteilte. Die Faktenfehler unterteilte er in unerkannte kolportierte Fehler, also beispielsweise Faktenfehler in einem Zitat eines Experten, sowie falsche Darstellungen der Journalisten selbst, die Deutungsfehler unterschied er in wiedergegebene falsche Deutungen Dritter sowie eigene fehlerhafte Interpretationen der Autoren. Des Weiteren unterschied er zwischen drei Kategorien: nachrichtliche Texte inklusive Texte der Agenturen, Reportagen/Hintergrundberichte sowie Meinungsartikel.

Ein von Haller herausgestelltes Ergebnis ist folgendes: Die Fehlerquote fremder Quellen ist – bei allen Darstellungsformen und allen Fehlerarten – bedeutend höher als die in den Eigenaussagen der Journalisten. „Ein Hinweis, dass die Redaktion vergleichsweise korrekt recherchiert, aber das externe Material eher unüberprüft ver-

---

[70] Kohring (2006).
[71] Haller (1987), S. 305.

arbeitet hat."[72] Im Anschluss an die Fehlerdiagnose reflektierte Haller über deren Ursachen: Ungenügende Transfertechniken gehören dazu. Ein weiterer Grund liege in ungenügenden Recherchetechniken vor allem der Nachrichtenredakteure, die keinen wissenschaftsjournalistischen Hintergrund haben.

Haller, der fünf Jahre später so einleuchtend kritisierte, wie Wissenschaftler sich selbst mitunter die Deutungshoheit und Journalisten nur eine Transportfunktion zuschreiben (siehe 3.1.1), nahm hier noch selbst diese Sicht ein: Was die richtige und was die falsche Wiedergabe von wissenschaftlichen Ergebnissen und Prozessen ist, das wissen am besten die Forscher, das ist die Annahme, die dem Versuchsdesign zugrunde liegt. In der Entstehungszeit der Studie war das die Norm, vor dem diskutierten theoretischen Hintergrund betrachtet erscheint es als nicht sinnvoll: Zum einen, weil diese theoretische Position der Rolle der Journalisten nicht gerecht wird – alles, was von den Verlautbarungen der Wissenschaftler abweicht, wäre in einem auf dieser Perspektive aufbauenden Forschungsdesign als Fehler zu werten –, zum anderen, weil es die Funktion des Wissenschaftsjournalismus nicht herleitet, also das theoretische Fundament vermissen lässt.

Ein weiteres Problem von Hallers Untersuchung, das sich aus der gleichen Sichtweise ergibt, zeigt sich folgendermaßen: Experten, die nicht unmittelbare Interessen mit dem Forschungsthema verbinden, als neutral zu bezeichnen, erscheint zu kurz gegriffen, da es ihre spezifische Akteursperspektive ignoriert. Die muss sich nicht aus finanziellen Interessen ergeben, sondern kann sich auch darin materialisieren, dass gerade denjenigen, die ein Thema in- und auswendig kennen, oft wichtige und im Prinzip offensichtliche Aspekte nicht auffallen.

Ein Beispiel für Forschung, die eng und explizit am Popularisierungsansatz angelehnt ist: In einer Untersuchung über das Verhältnis von Journalisten und Wissenschaftlern beim Thema „Gentechnik" ließ Kepplinger (1991) journalistische Beiträge durch Gentechnik-Forscher bewerten. Unbeachtet bleibt – ähnlich wie in Hallers Untersuchung –, dass es sich bei diesen auch um Akteure mit potentiell einflussreichen Partialinteressen und damit verbunden einer spezifischen, sich markant von der Draufsicht Unbeteiligter unterscheidenden Perspektive handelt. So hängen etwa gesellschaftliche Ressourcen wie Förder- und Drittmittel von der Einschätzung der gesellschaftlichen Legitimation des jeweiligen Forschungsbereichs ab – denkbar wäre, dass sich diese Tatsache auch in der Wertschätzung der Forscher für ihr eigenes Gebiet niederschlägt.[73] Statt dem Rechnung zu tragen, werden die Wissenschaftler – Unparteilichkeit suggerierend – als Experten charakterisiert.[74] Die Einstellungen der Gesamtheit der sogenannten Experten – in diese Gruppe sortierte Kepplinger neben den Wissenschaftlern auch die Wissenschaftsjournalisten ein – zum Thema „Gentechnik" war nach Kepplingers Befragungsergebnissen „alles in

---

[72] Haller (1987), S. 309.

[73] Vgl. Schäfer (2007), S. 21.

[74] Kepplinger (1991).

allem sehr positiv"[75]. Einigen Tageszeitungen und Zeitschriften, wie etwa der *Tageszeitung* und dem *Spiegel*, attestierten Kepplingers Inhaltsanalysen dagegen eine eher negative Berichterstattung.

Statt etwa durch weitere Befragungen zum untersuchenden Unterschied nahm Kepplinger diese Differenz als „Widerspruch" wahr und schloss mit offenbar negativem Unterton, dieser sei vor allem deshalb bemerkenswert, „(…) weil ein Großteil aller wertenden Aussagen (der Journalisten, Anm. des Verf.) aus allgemeinen Urteilen bestand"[76]. Zusammenfassend schlug er vor, die Wissenschaftler selbst sollten journalistisch über ihre Themen berichten. Aber: „Es fehlt (…) der Zugang zur Presse, ein Anstoß zur Aktivität und vermutlich die Fähigkeit zur Umsetzung."[77] Alle Probleme wären also nach dieser Denkart gelöst, wenn findige Gentechniker, Nuklearphysiker und andere ihre Akteursperspektiven dem Publikum selbst darlegen könnten. Kepplinger ignorierte also die Tatsache, dass die Massenmedien auch durch ihre Autonomie in unserer Gesellschaft „eine hohe Bedeutung" haben, und schlägt vor, von dieser Bedeutung auf eine Art zu profitieren, die sie auf lange Sicht unterwandern würde.

Kepplinger berief sich auf Luhmann, wenn er urteilte, der Mechanismus der Reduktion von Komplexität durch Vertrauen sei im Falle der „Vermittlung von Wissenschaft an die Öffentlichkeit aus mehreren Gründen gestört"[78]. Kepplinger hielt die Journalisten für verantwortlich: Mangel an Vertrauen der Journalisten in einzelne Wissenschaftler, Mangel an Vertrauen derselben in die Wissenschaft als Ganzes, mangelnde Kenntnis der Journalisten von „(…) Indikatoren, an denen man den wissenschaftlichen Rang einzelner Forscher und Forschungsansätze erkennen kann"[79], „(…) und schließlich sehen sich mehr und mehr Journalisten als Vertreter des gesunden Menschenverstandes in Konkurrenz zu den Sachwaltern wissenschaftlicher Rationalität"[80]. Analog zu Kepplingers theoretischen Ausführungen muss auch bezüglich des Fazits der genannten Studie festgestellt werden, dass der Autor die Rolle des Wissenschaftsjournalisten in der Gesellschaft verkennt, indem er dies zu einem verlängerten Arm der wissenschaftlichen Institutionen macht.

3.2.2 Untersuchungen vor dem Hintergrund des Beobachtungsansatzes

Ein von der *Deutschen Forschungsgesellschaft* unterstütztes Forschungsprogramm unter Beteiligung von Fakultäten verschiedener Universitäten will derzeit in 16 Pro-

---

[75] Kepplinger (1991), S. 210.
[76] Ebd., S. 210.
[77] Ebd., S. 214.
[78] Ebd., S. 217.
[79] Ebd., S. 217.
[80] Ebd., S. 217.

jekten über sechs Jahre das Verhältnis zwischen Wissenschaft und Öffentlichkeit er-
gründen. Die Konzentration des in Münster koordinierten Projekts liegt auf dem
Umgang mit fragilen, sich gegenseitig widersprechenden Ergebnissen.[81] An dem
Programm sind psychologische, erziehungs-, natur- und kommunikationswissen-
schaftliche Fakultäten beteiligt. In den Projekten sollen unterschiedliche Aspekte
und Phasen des Kommunikationsprozesses von der Aufbereitung wissenschaftlicher
Ergebnisse bis zur Verarbeitung massenmedialer Produkte (neben Artikeln auch
Fernseh- und Radiobeiträge) untersucht werden.

Ein Projekt dieses Programms erscheint im Hinblick auf diese Arbeit besonders
relevant: Bernd Blöbaum und Daniel Nölleke vom *Institut für Kommunikationswissenschaft* der Universität Münster untersuchen per Inhaltsanalyse, wie Journalisten
unsicheres Forschungswissen präsentieren und erfragen in Interviews mit den Verfas-
sern der Artikel mögliche Gründe. Die Erhebung ist noch im Gange, darum existiert
noch keine offizielle Veröffentlichung. Skizzenhaft lassen sich jedoch bereits theoretischer Hintergrund, Operationalisierung und erste Ergebnisse der Präsentation für
eine Tagung entnehmen. Im ersten Schritt untersuchen die Forscher sechs Printmedien
(Tageszeitungen, Wochenzeitungen, ein Boulevardblatt) aus acht aufeinanderfolgen-
den Wochen im Herbst 2009.[82] Blöbaum und Nölleke gehen vom vor allem von Karl
Popper vertretenen forschungstheoretischen Grundsatz aus, dass Forschungswissen
stets vorläufig und somit unsicher ist. Sie untersuchen, ob und wie dieser Begleit-
umstand wissenschaftlicher Arbeit in der Berichterstattung berücksichtigt wird.[83]

Als Rahmentheorie dient ihnen der Beobachtungsansatz nach Kohring. Alle Artikel mit dem Thema *Gesundheit und Medizin* werden daraufhin betrachtet, ob sie
die Unsicherheit medizinischen Forschungswissens reflektieren. Das wichtigste vor-
läufige Ergebnis: Die Sicherheit des berichteten Wissens wird meist überbetont. Die
meisten Artikel (60%) enthalten keine Referenzen auf die Unsicherheit des bespro-
chenen Wissens (in den meisten Texten ging es um die Schweinegrippe). Falls doch,
wurde die Unsicherheit meist implizit ausgedrückt, etwa in Sätzen wie: „Es könnte
bald eine Lösung gefunden sein". Selten wurde die Unsicherheit betont, also als
journalistischer Aufhänger benutzt.

Laut Kohring ist neben seinem eigenen Werk die einzige zwischen 1995 und
2006 veröffentlichte Monographie, die sich wissenschaftlich mit Wissenschaftsjournalismus auseinandersetzt, die Dissertation *Wissenschaftsjournalismus im Hörfunk*.
Die Untersuchung des Autors Jan Lublinski beschäftigt sich mit dem Aufbau von
und den Arbeitsabläufen in Wissenschaftsredaktionen.[84] Lublinski stützte sich in
seiner Untersuchung wie auch Blöbaum und Nölleke auf die systemtheoretische

---

[81] Bromme (2008).

[82] http://wwwpsy.uni-muenster.de/Psychologie.inst3/AEbromme/en/forschung/dfg-spp/DFG-
SPP1409/bloebaum.html, abgerufen am 11.5.2011.

[83] Popper (2005).

[84] Kohring (2006), S. 180.

Betrachtungsweise nach Kohring.[85] Im Theorieteil fasste er Erkenntnisse aus der Redaktionsforschung, der betriebswirtschaftlichen Organisationstheorie und der Forschung über Nachrichtenfaktoren zusammen. Daran schloss sich die eigene Untersuchung an. Diese fragte zunächst nach dem Aufbau von drei Wissenschaftsredaktionen, dann nach Prozessen der Arbeitsorganisation und Beitragsproduktion in den Redaktionen und schließlich nach der Berichterstattung der drei Redaktionen im Fall der BSE-Krise im Jahr 2000. Erklärtes Ziel war es, für die redaktionelle Praxis Verbesserungsvorschläge zu liefern, die sich (hier schließt Lublinski an Kohring an) an den Maßstäben der Redaktionsarbeit selbst orientieren und nicht etwa an denen der Wissenschaft.[86]

Beim Hauptbaustein der Untersuchung, nämlich der in den drei Redaktionen jeweils 13 Tage dauernden Beobachtung der Arbeit von jeweils drei Redakteuren, sollte es darum gehen, „Fragen der Organisation und Thematisierung"[87] zu erforschen. Ergänzt wurde die Beobachtung durch Interviews mit Redakteuren und Analysen etwa von redaktionellen Konzeptpapieren oder alten Sendungen. Bei den Interviews, jeden Abend durchgeführt, ging es zum einen um konkrete Fragen zum jeweiligen Arbeitstag, zum anderen um allgemeine Fragestellungen.

> „Bei den Interviews zu allgemeinen Fragen der Redaktionsarbeit ging es darum, mit den Redakteuren über möglichst viele Aspekte ihrer Arbeit zu sprechen. Dazu gehörten: Fragen der Aktualität, Qualitätsmaßstäbe, das Verhältnis der Befragten zu anderen Rollenträgern, die Zusammenarbeit mit anderen Redaktionen, Fragen der Organisation und Technikeinsatz, die Entwicklung der Redaktion sowie ihre Ziele und Strategien."[88]

Insgesamt schien sowohl bei den Fragen wie auch bei der Beobachtung die Konzentration auf aussagekräftige, überprüfbare Themenfelder zu fehlen. Lublinskis Ergebnisse blieben darüber hinaus, wie es die Methode der teilnehmenden Beobachtung vermuten lässt, beim Einzelfall. Wenn verallgemeinert oder abstrahiert wurde, dann auf einer für Praxis und Ausbildung vielleicht angemessenen, mangels Systematik und intersubjektiver Nachprüfbarkeit aber wissenschaftlichen Ansprüchen nicht genügenden Common-Sense-Ebene.[89] So hieß es etwa im Fazit zur BSE-Berichterstattung:

> „An dieser Stelle sei auch die Bedeutung des *Reflexionswissens* der Wissenschaftsjournalisten hervorgehoben. Dazu gehört neben dem Nachdenken über grundsätzliche berufs-

---

[85] Lublinski (2004).

[86] Vgl. ebd., S. 34.

[87] Ebd., S. 97.

[88] Ebd., S. 100.

[89] Der Forscher selbst erkennt zwar angesichts seiner Methode die Gefahr einer selektiven Wahrnehmung, sieht dieses Problem aber durch das eigene, als systematisch etikettierte Vorgehen als gelöst – das einzige, was in diesem Zusammenhang mit systematisch gemeint sein kann, ist, dass der Autor die Arbeitsschritte der Redakteure protokolliert; vgl. Lublinski (2004), S. 97ff.

ethische Fragen auch die Diskussion der Strategien der eigenen Redaktion innerhalb der Organisation sowie die Reflexion der Möglichkeiten und Grenzen der Redaktionsarbeit."[90]

Diese Interpretation wurde weder auch nur beispielhaft an eine Beobachtung geknüpft noch ist im betreffenden letzten Kapitel der Dissertation oder an einer anderen Stelle vom Konzept des Reflexionswissens die Rede. Insgesamt scheint die Arbeit zu viele Aspekte, sowohl in der Theorie als auch in der Praxis, integrieren zu wollen.[91] So fehlt oft der Anschluss zwischen dem empirischen Teil und den zuvor etablierten theoretischen Grundlagen – etwa, wenn Lublinski nach Rager journalistische Qualitätskriterien aufstellte, diese aber nicht systematisch nutzte, um die Beobachtungen in den Redaktionen einzuordnen oder zu erklären.[92] Auch der von Lublinski erwähnte systemtheoretische Hintergrund nach Kohring hatte keinen erkennbaren Einfluss auf das Untersuchungsdesign und wurde mit den Ergebnissen der Studie nicht in Verbindung gebracht.

Eine weitere Untersuchung soll hier zusammengefasst werden, die zwar vom Thema der vorliegenden Arbeit weiter entfernt ist als die anderen wiedergegebenen, jedoch ebenfalls vor systemtheoretischem Hintergrund operierte und ein interessantes Design aufweist: Heide Lukosch legte eine Forschungsarbeit über das Bild der Wissenschaften in fiktionalen und nonfiktionalen medialen Produkten vor und untersuchte in ihrer Dissertation komparativ das Bild der Wissenschaft einerseits in fiktionalen Filmen, andererseits in Zeitungsartikeln. Dabei verglich sie vor einem Kategoriensystem die Darstellung der Wissenschaft in den ihrer Hypothese nach meinungsprägenden[93], auflagenstärksten überregionalen Qualitätszeitungen *Frankfurter Allgemeine Zeitung* (mit *Frankfurter Allgemeine Sonntagszeitung*) und *Süddeutsche Zeitung* mit der Darstellung in zehn Hollywood-Spielfilmen. Bei der Inhaltsanalyse der Zeitungsartikel bildete Lukosch aus den Artikeln die Kategorien *induktiv* heraus, bei der Analyse der Filme griff sie auf eine Typologie von Wissenschaftlerfiguren zurück, die sie für ihre Zwecke ergänzte.[94]

In den Zeitungen überwog die positive, den Nutzen für die Gesellschaft (in der Sprache der Systemtheorie: die Definition der Wissenschaft als „Leistungssystem"[95]) betonende Darstellung der Wissenschaft. So wurde die Inhaltskategorie *Nutzen von Wissenschaft* in 371 von 735 Artikeln, also 50%, festgestellt – etwa in Codes wie *nützlich, dienen, Zweck*. Einen Bezug zu den Grenzen der Wissenschaft enthielten dagegen nur 125 Artikel (17%), einen Bezug zu ihren Risiken/Gefahren

---

[90] Lublinski (2004), S. 351; Hervorhebung im Original.

[91] Für eine völlig andere, durchweg positive Bewertung der Studie vgl. Kohring (2006), S. 188f.: „Eine bemerkenswerte Studie zur redaktionellen Organisation des Wissenschaftsjournalismus hat Lublinski vorgelegt."

[92] Vgl. für die Qualitätsfaktoren Lublinski (2004), S. 82ff., für die Beobachtungen ebd., S. 169ff.

[93] Vgl. Lukosch (2009), S. 121.

[94] Vgl. ebd., S. 127ff.

[95] Vgl. ebd., S. 191.

74 Artikel (10%) und zu ihren Kosten 71 Artikel (ebenfalls 10%).[96] Lukosch unterteilte die Artikel, die einen Bezug zum Nutzen der Wissenschaft herstellen, in vier Subkategorien. 159 von ihnen behandelten Verantwortung und Grenzen der Wissenschaft, 74 verbanden Reflexionen über ihren Nutzen mit solchen über ihre Gefahren, 72 betonten neben dem Nutzen das Kuriose der Wissenschaft und 71 ihre Kosten.[97]

Demgegenüber überwogen in den Filmen negative Repräsentationen der Wissenschaft – oft an den Forschern festgemacht. So war die in den meisten Szenen gefundene Inhaltskategorie die der *Wissenschaft als Manie* (in 82 von 385 Szenen, also 21%), dann kam das Bild der *gefährlichen Wissenschaft* (77 Szenen/20%), es folgten die Kategorie der unmenschlichen, monströsen *Frankenstein-Wissenschaft* (66 Szenen/18%) und auch danach nur negative Bewertungskategorien.[98]

Lukosch fasste die wichtigste Gemeinsamkeit der beiden untersuchten Medienarten zusammen: „Es wird nicht der wissenschaftliche ‚graue' Alltag dargestellt, sondern das Besondere."[99] Auch wurden Naturwissenschaften häufiger dargestellt als Sozial- und Geisteswissenschaften (dass Letztere im Fall der Zeitungen oft im Feuilleton verhandelt wurden, verzerrte die Selektion nicht, da Lukosch alle Ressorts miteinbezog). Wichtigstes Fazit: In den Zeitungsartikeln wird vor allem der Nutzen der Wissenschaft betont, in den Spielfilmen vor allem die Gefahr.

3.2.3 Untersuchungen vor dem Hintergrund anderer Ansätze

Mike Schäfer[100] verglich in einer erkenntnisreichen Studie die Präsenz von drei unterschiedlichen wissenschaftlichen Themen in den beiden auflagenstarken Qualitätszeitungen *Süddeutsche Zeitung* und *Frankfurter Allgemeine Zeitung*. Sein Ziel war es, zwei soziologische Theorien zu überprüfen und die Unterschiede in der medialen Präsenz wissenschaftlicher Themen zu beschreiben und zu erklären.

Zum einen bezog sich Schäfer dabei auf den unter 3.1.3 zusammengefassten Medialisierungsansatz mit seiner These einer zunehmend umfangreichen, pluralistischen und kontroversen massenmedialen Berichterstattung über Wissenschaftsthemen. Schäfer bemängelte, dass der Ansatz nicht spezifiziert, ob er sich auf alle Wissenschaftsbereiche bezieht und – falls nicht – welche gemeint sind. Auch fehlen quantitative, vergleichende Studien, die geeignet wären, dieser Frage nachzugehen. Hier wollte Schäfer einen ersten Beitrag leisten. Zum anderen überprüfte er die Theorie der Wissenskulturen. Dieses Konzept wurde unter Abschnitt 3 nicht vorgestellt, da dieser kultursoziologische Ansatz wenig Schnittmengen mit den für diese Untersuchung sinnvollen Hintergrundüberlegungen bildet. Knapp zusammengefasst

---

[96] Vgl. Lukosch (2009), S. 146ff.

[97] Vgl. ebd., S. 192ff.

[98] Vgl. ebd., S. 247ff.

[99] Lukosch (2009), S. 250; Hervorhebung im Original.

[100] Schäfer (2007).

besagt er, dass verschieden starke Interdependenzen zwischen Wissenschaft und anderen gesellschaftlichen Teilbereichen der Gesellschaft dazu führen, dass manche Themen von vielen gesellschaftlichen Bereichen debattiert, andere hingegen fast nur von facheigenen Experten bearbeitet und kommuniziert werden.[101]

In einem themenvergleichenden Forschungsdesign untersuchte Schäfer sowohl in quantitativer als auch per qualitativer Inhaltsanalyse, wie oft in den Massenmedien die drei Themen *Neutrinoforschung* (ein Teilbereich der Teilchenphysik), *Humangenomforschung* und *Stammzellenforschung* vorkommen, um Aufschluss über die Validität beider Theorien zu bekommen. Die Themen wählte er vor allem mit dem Ziel aus, bei den vermuteten Wissenskulturen und dem Medialisierungsgrad eine möglichst heterogene Verteilung zu erzielen. Aufgrund vorhergehender Untersuchungen vermutete er, dass die beiden letztgenannten Themen in den Massenmedien vergleichsweise oft, das erste vergleichsweise selten behandelt werden. Auch gehören die Themen – so die Vermutung – unterschiedlichen Wissenskulturen an.[102] Andere Faktoren, wie etwa die innerwissenschaftliche Relevanz des Themas, versuchte Schäfer gleichzuhalten.[103]

In der qualitativen Inhaltsanalyse wurden die unterschiedlichen Deutungen der Forschung in dem jeweiligen Bereich gesammelt. Schäfer bildete induktiv auf der Basis der vorliegenden Texte Kleinsteinheiten von Deutungen und Argumenten zu den drei Themen, wertende Aussagen, denen man zustimmen oder die man ablehnen konnte. Diesen etwa 100 „Ideen-Elemente(n)"[104] ordnete er die in den Artikeln vorkommenden interpretierenden Aussagen zu.

Die gesammelten Bestandteile von deutenden Aussagen über die jeweiligen Themenbereiche benutzten Schäfer und seine Mitarbeiter anschließend als Grundlage der quantitativen Inhaltsanalyse. Sie erhoben die Berichterstattung in der *Süddeutschen Zeitung* und *Frankfurter Allgemeine Zeitung*; diese beiden wurden ob ihres vermuteten und in vorangegangenen Studien belegten Einflusses auf andere Medien sowie auf Politik und Wirtschaft ausgewählt.[105] Die Inhaltsanalysen erfolgten über mehrjährige Zeiträume, die von je nach Thema unterschiedlichen außermedialen Ereignissen, wie etwa dem Gewinn maßgeblicher wissenschaftlicher Erkenntnisse, bestimmt waren. Anhand von Schlagworten wurden möglichst alle Artikel ausgewählt, die eines der Themen behandelten. Diese wurden dann auf Grundlage eines Kategoriensystems codiert.

Schäfer unterteilte die registrierten Merkmale auf vier Ebenen: Die Artikelebene, die Akteursebene, die Bewertungs- und die Deutungsebene. Als ein zentrales erhobenes Attribut erscheint auf der Ebene der zitierten Akteure die Unterscheidung

---

[101] Vgl. Schäfer (2007).

[102] Vgl. ebd., S. 68f.

[103] Vgl. ebd., S. 65f.

[104] Ein bestehender Terminus, den Schäfer aufgreift; Schäfer (2007), S. 81.

[105] Vgl. Schäfer (2007), S. 85f.

zwischen Journalisten und Nicht-Journalisten sowie bei letzteren die Kategorisierung in Gruppen (etwa Physiker). Ebenfalls wichtig für die Untersuchung erscheinen die registrierten Deutungen des Wissenschaftsbereichs (positiv/ablehnend/ambivalent/neutral). Schließlich wurden die Aussagen der Akteure daraufhin analysiert, ob sie eine oder mehrere der in der qualitativen Analyse gewonnenen Kleinstaussagen enthielten.[106]

Hinsichtlich des Medialisierungsansatzes ist die von Schäfer festgestellte empirische Evidenz je nach wissenschaftlichem Thema sehr unterschiedlich. Die Berichterstattung über die Neutrinoforschung ist nach seinen Befunden stark an der wissenschaftlichen Perspektive orientiert: Zum einen sind meist Ereignisse aus der Wissenschaftswelt die Anlässe für die Berichterstattung, des Weiteren finden sich die Artikel fast immer in den Wissenschaftsteilen der Zeitungen. Es werden ausschließlich Fachleute, vor allem Neutrinoforscher selbst, zitiert. Die Bewertungen fallen meist neutral aus. Weder die Längsschnitt- noch die Querschnittuntersuchung lassen auf Kontroversen in der Berichterstattung schließen. Schäfer schließt daraus, dass die wissenschaftlichen Prozesse und Ergebnisse in diesem Fall nicht medialisiert, sondern popularisiert werden. Weder sei das Kriterium einer quantitativ ausgeprägten Berichterstattung noch das einer pluralistischen oder kontroversen Berichterstattung erfüllt. Die Berichterstattung entspreche also einem „vermeintlich anachronistischen, oft kritisierten"[107] Modell, dem unter 3.1.1 geschilderten Popularisierungsmodell beziehungsweise in Schäfers Ausführung dem angelsächsischen Schwesternmodell des *Public Understanding of Science*.

Zum Thema *Humangenomforschung* fand Schäfer eine quantitativ stärkere (durchschnittlich 33 Artikel pro Quartal) und qualitativ pluralistischere Berichterstattung vor. Auch wenn meistens Experten zitiert werden, erfolgen doch entweder in Zitaten oder in den Aussagen der Autoren gelegentlich kritische Bewertungen. Analog dazu stehen viele der Artikel im Feuilleton- und nicht im Wissenschaftsteil. Aussagen von Fachleuten werden von solchen von Vertretern „politische(r) Eliten und Wirtschaftseliten flankiert"[108].

Noch umfangreicher als die Berichterstattung über Humangenomforschung ist nach Schäfers Befunden die über Stammzellenforschung: Sie sei die „umfangreichste Wissenschaftsdebatte (…) die in Deutschland seit Jahren geführt wurde"[109]; im Vergleich zur Zahl der Artikel finden sich die meisten Bewertungen und, verglichen mit neutralen sowie ambivalenten Bewertungen, die meisten Positiv- und Negativurteile. Im Vergleich mit der Berichterstattung zu den beiden anderen Themen ist die „Deutungspalette"[110] besonders breit: Die Forschung wird nicht ausschließlich in

---

[106] Vgl. Schäfer (2007), S. 83ff.
[107] Schäfer (2007), S. 177.
[108] Schäfer (2007), S. 178.
[109] Ebd., S. 178.
[110] Ebd., S. 179.

wissenschaftliche, sondern auch in politische Zusammenhänge gestellt. Unter den Anlässen für die Berichterstattung finden sich hier vereinzelt auch solche, die nicht aus der Wissenschaft selbst stammen, und es finden in den Texten mehr Stimmen von Nicht-Experten, vor allem Politikern, die auch oft im Politikteil der Zeitung platziert werden.

Schäfer zog ein skeptisches Fazit zum Medialisierungsansatz: „Von einer themenübergreifenden oder stetigen Medialisierung aller wissenschaftlichen Themen kann nicht die Rede sein."[111] Stattdessen sei stark vom Thema abhängig, wie sehr die Annahmen des Ansatzes auf die Texte zutreffen: Bei der Neutrinoforschung gar nicht, bei der Humangenomforschung zum Teil, bei der Stammzellenforschung sehr.[112] Die Befunde der Längsschnittuntersuchung geben wenig Hinweise darauf, dass eine Medialisierung im Zeitraum der Untersuchung noch in Gang sein könnte: Extensivierung, Pluralisierung und Kontroverse nehmen bei keinem Thema stetig zu. Die Medialisierung könne „bestenfalls als *phasenweise* Intensivierung der Berichterstattung über *einige* Wissenschaftsbereiche"[113] verstanden werden, folgerte Schäfer und schlug weitere Vergleiche verschiedener Themen und Medienprodukte sowie auf theoretischer Ebene eine präzisere Formulierung des Paradigmas vor.

Für das Modell der Wissenskulturen fiel die Bewertung optimistischer aus: Die Annahme, dass manche Themen von vielen gesellschaftlichen Bereichen debattiert, manche fast nur von den eigenen Experten bearbeitet und kommuniziert werden, sieht er durch die Unterschiede je nach wissenschaftlichem Bereich hinsichtlich Menge, Pluralität der Sichtweisen und Kontroversität bestätigt. Schäfer schränkte allerdings ein: Die Längsschnittunterschiede hinsichtlich der Medialisierung bei den beiden biowissenschaftlichen Themen seien durch dieses Modell nicht erklärbar, und die „Notwendigkeit einer Differenzierung oder konzeptionellen Elaboration des Modells"[114] sei gegeben.

3.3   Fazit „Wissenschaftsberichterstattung"

Kohrings Theorieentwurf des Wissenschaftsjournalismus aus systemtheoretischer Perspektive – anders gesagt, seine Version des Beobachtungsansatzes – stellt das Paradigma für diese Arbeit dar. Die Gründe dafür sind:

• Erstens ist es die am besten begründete Theorie über das Verhältnis zwischen Wissenschaft und Journalismus.

---

[111] Schäfer (2007), S. 182.
[112] Vgl. ebd., S. 181ff.
[113] Ebd., S. 183; Hervorhebung im Original.
[114] Schäfer (2007), S. 186.

- Zweitens ist es eine nach funktionalen Gesichtspunkten ausgerichtete Theorie und passt darum als Rahmengerüst für diese Arbeit, die ebenfalls Funktionalität untersuchen will.
- Drittens ist Kohrings Theorie und dem dieser Arbeit zugrunde liegenden Vorhaben gemein, dass sie Wissenschaft und Journalismus als getrennte Bereiche (bzw. Systeme) mit jeweils eigener Logik betrachten.
- Viertens ist die einzige Alternative zu Kohrings Ansatz – als Theorie, die Wesen und Funktion des Wissenschaftsjournalismus tatsächlich zu erklären versucht – die Popularisierungsthese. Dem Anspruch dieser These an den Journalismus, nämlich die Ergebnisse und Prozesse der Wissenschaft ohne journalistisch-publikumsorientierte Verkürzung an die Öffentlichkeit zu bringen, würde aber, streng ausgelegt, fast kein journalistischer Beitrag gerecht. Sie verkennt also das Wesen des Journalismus.

Auch der Medialisierungsansatz ist eine ernstzunehmende Theorie über das Verhältnis zwischen Wissenschaft und Journalismus, der zudem eine beträchtliche Anzahl an Untersuchungen hervorgebracht hat. Er wird als Paradigma trotzdem keine Rolle spielen, denn in der vorliegenden Arbeit wird nicht nach einer Entwicklung, sondern nach dem Ist-Zustand gefragt. Um die Frage zu beantworten, an welchen Maßstäben der Wissenschaftsjournalismus per Inhaltsanalyse gemessen werden soll, ist eher eine Rahmentheorie über seine Funktion nötig denn eine Theorie, die seine Veränderungen im Konkreten beschreibt und erklärt. Insofern kann der Medialisierungsansatz nicht den Hintergrund für die Operationalisierung des Forschungsvorhabens bilden. Er wurde zum einen zum besseren Verständnis des theoretischen Hintergrundes in Sachen *Wissenschaftsberichterstattung* wiedergegeben, zum anderen lohnt sich, die beispielhafte Betrachtung von Schäfers Vorgehensweise wegen seiner präzisen theoretischen Analyse des Medialisierungsansatzes und seines daran anschließenden genauen und konsequenten Untersuchungsaufbaus zu betrachten.

Hinsichtlich der Untersuchungen demonstrieren diejenigen von Haller und Kepplinger zunächst die Fallstricke, in die zu enge Bewertungsmaßstäbe führen können. Sowohl die „Fehler", die Haller von Experten feststellen lässt, als auch Kepplingers Ergebnisse erscheinen fragwürdig in den Verfehlungen, die sie den Journalisten unterstellen. Hier wird ein Berufsstand an fremden Maßstäben gemessen. Das negative Urteil scheint bei einem derartigen Vorgehen vorprogrammiert.

Derartige Schwächen vermeiden Blöbaum und Nölleke durch ihr exploratives Vorgehen das, ähnlich wie von Früh[115] vorgeschlagen, die Inhaltsanalyse selbst und die Deutungsebene zunächst trennt. Zu den Ergebnissen der Untersuchung waren zum Zeitpunkt der Entstehung dieser Arbeit leider noch keine Details bekannt. Dennoch kann das, was bekannt ist, in eingeschränktem Sinne als Vorbild für diese

---

[115] Früh (2007), S. 48ff.

Untersuchung gelten: nämlich dahingehend, dass auch hier festgestellt werden soll, *ob* in den Texten unterschiedliche Sub-Themen des Komplexes *Arbeit und Gesundheit* behandelt werden. Der Untersuchungsaufbau von Blöbaum/Nölleke erscheint auch deshalb sinnvoll, weil sich die Forscher für einen Aspekt (Umgang der Texte mit der Unsicherheit von Forschungswissen) entscheiden und die Erhebung darauf verengen; so kann dieser Punkt – forschungsökonomisch betrachtet – umso genauer untersucht werden. Ebenfalls nachahmenswert erscheint die Passung zwischen dem explorativen Vorgehen und dem systemtheoretischen Hintergrund nach Kohring, der den Journalisten ein relativ hohes Maß an Autonomie im Umgang mit dem Forschungswissen einräumt.

4   Forschungsstand „Arbeit und Gesundheit"

Um zu prüfen, wie Journalisten mit Forschungswissen umgehen, muss das Wissen zunächst skizziert werden. Anschließend werden daraus Kategorien modelliert. Der Anlass, nach dem später die Texte für die Inhaltsanalyse ausgewählt wurden, ist die Selbsttötungswelle bei France Télécom. Es geht also um eine extreme Folge psychischer Belastung mit Bezug zum Arbeitsplatz. Relevant für die Auswahl der Wissensbereiche, deren Erwähnung per Inhaltsanalyse überprüft werden soll, sind darum die wichtigsten Theorien, die sich mit *psychischer Gesundheit am Arbeitsplatz* beschäftigen.

Bevor diese resümiert werden, soll der Gesundheitsbegriff umrissen werden, mit dem im Folgenden operiert wird. Sinnvoll erscheint ein positiver, ressourcenorientierter Gesundheitsbegriff in Abgrenzung zu den traditionellen Defizitmodellen:

> „Danach kann Gesundheit als Fähigkeit zum Setzen langfristiger Ziele, um stabil-flexibel mit einer sich verändernden Umwelt umzugehen und als Fähigkeit körperliche Prozesse und Handlungen in Balance zu halten, verstanden werden."[116]

Diese positive – also an den Ressourcen und nicht an den Mängeln orientierte – Definition von Gesundheit erscheint für die vorliegende Untersuchung passend, weil sich die meisten der aktuellen und hier relevanten Modelle daran anlehnen.

Aus der Konzentration auf das Thema *psychische Gesundheit am Arbeitsplatz* folgten zwei Entscheidungen:

• Zum einen – diese Feststellung mag banal klingen – geht es um *psychische* Gesundheit. Diejenigen Theorien, deren Leistung eher in der Beschreibung und Erklärung physischer Belastungen oder ausschließlich körperlicher Symptome liegt, werden hier nicht erwähnt. Der zweite Teil der Eingrenzung ist weniger zwingend: Den Schwerpunkt der Untersuchung und insofern auch den Schwerpunkt der folgenden Rekapitulation des Forschungsstandes sollen Theorien zum Zusammenhang zwischen Arbeit und Gesundheit, also Theorien der Wissenschaftsdisziplin *Arbeitspsychologie*, bilden. Das ist nicht selbstverständlich, denn um Selbsttötungen am Arbeitsplatz zu erklären, könnten auch Modelle etwa aus der klinischen Psychologie oder der Sozialpsychologie herangezogen werden. Die Entscheidung für den Bereich *Arbeitspsychologie* erfolgte zum einen, weil sich der Forscher von der Beschränkung die Möglichkeit eines stringenteren Vorgehens erhoffte: Auf diese Art eint alle deduktiv in Kategorien umgesetzten Annahmen ein gemeinsames Themengebiet. Würde man bei der Wahl des theoretischen Hintergrunds

---

[116] Ducki & Greiner (1992), zit. nach Richter et al. (2011), S. 28.

eklektischer vorgehen, müsste man Theorien und Modelle zu Kategorien machen, die viel unterschiedlichere Schwerpunkte setzen.

• Zum anderen erfolgte die Entscheidung aus forschungsökonomischen Gründen. Im Rahmen arbeitspsychologischer Konstrukte sollen allerdings durchaus auch andere Lebensbereiche in das Kategoriensystem einfließen; so kann in diesem Zusammenhang etwa die Gesamtlebenssituation nicht außer Acht gelassen werden. Die Konzentration auf arbeitspsychologische Modelle wird sich zu einem gewissen Grad relativieren, da auch induktiv nach Sichtung der Texte Kategorien gebildet werden.

Die Darstellung soll sich auf die bekanntesten Theorien konzentrieren. Schließlich kann nur bei hinreichend geläufigen Modellen angenommen werden kann, dass Literatur und Experten, die die Modelle erläutern oder erwähnen, für die Journalisten in greifbarer Nähe sind. Würde man den Umgang der Journalisten mit Forschungswissen anhand unbekannter Modelle prüfen (egal wie sinnvoll und valide die sein mögen), so würde man sie an falschen Maßstäben messen. Zu der hier angenommenen Tatsache, dass den betroffenen Journalisten oft die Zeit fehlt, sich in weniger verbreitete wissenschaftliche Modelle einzudenken, kommt eine weitere, inhaltliche Begründung: Als Tageszeitungsjournalisten bereiten sie die wichtigsten aktuellen Entwicklungen in der Gesellschaft für ein Massenpublikum auf. Diejenigen Modelle, die in der Wissenschaftswelt die meiste Anerkennung genießen, sind es im Sinne des Beobachtungsansatzes auch in einem größeren Ausmaß wert, dem Publikum vermittelt zu werden, damit es über die Entwicklungen in der Wissenschaft informiert ist. Dazu kommt, dass bei verbreiteten Modellen die Wahrscheinlichkeit höher ist, dass sie von der wissenschaftlichen Gemeinde überprüft worden sind – ihr Bewährungsgrad dürfte also im Schnitt höher sein, was ebenfalls für eine höhere Legitimation spricht, die Modelle zu verbreiten.

4.1   Arbeit, Stress und Suizid

Die vorliegenden Modelle behandeln zum Großteil die Entstehung von Stress am Arbeitsplatz. Für den Anschluss an Anlass und Fragestellung der vorliegenden Arbeit ist von daher der Zusammenhang zwischen Stress und Suizid zu erklären. Dieser kann in zwei Teile unterteilt werden:

• Starker und kontinuierlicher Stress kann langfristig – auch über andere Störungen wie Burnout und Irritation – zu Depressivität und anderen psychischen Beeinträchtigungen sowie zu negativem Gesundheits- und eingeschränktem Sozialverhalten führen, beide Verhaltensweisen, die selbst wiederum das Risiko für psychische Störungen erhöhen können.[117]

---

[117] Vgl. Bamberg et al. (2006), S. 15.

• Der zweite Teil der Verbindung: Psychische Störungen enden zwar nicht in den
  meisten Fällen mit Selbstmord, aber den meisten Selbsttötungen geht eine psychische Störung voraus.

Zum ersten Teil des Zusammenhangs: Kausale Zusammenhänge zwischen Belastungen am Arbeitsplatz und psychischen Störungen sind schwer nachzuweisen, wirken
doch „die meisten arbeitsbezogenen Stressoren (…) nicht zu einem isolierten Zeitpunkt akut und massiv, sondern über einen längeren Zeitraum und schleichend"[118].
Dennoch belegen, wie Rigotti und Mohr zusammenfassen, verschiedene Längsschnittstudien die Effekte von Arbeitsbedingungen auf depressive Symptome sowie
die von Arbeitsbedingungen auf gesundheitliche Einschränkungen allgemein. Ebenfalls verweisen die Autoren auf die Wirkung verschiedener intervenierender Faktoren, wie etwa soziale Kontakte, Ernährungsverhalten und Substanzmissbrauch.[119]
Wang und Patten fassen den Forschungsstand ebenfalls dahingehend zusammen,
dass ein Zusammenhang zwischen Stress am Arbeitsplatz sowohl mit depressiven
Symptomen als auch mit anderen psychischen und somatischen Störungen als belegt
vorausgesetzt werden kann.[120] Rigotti und Mohr schließen:

> „Man kann also nicht den Gesundheitszustand einer erwerbstätigen Person ausschließlich
> durch die Lebensdomäne Erwerbsarbeit erklären. Ein eigenständiger und bedeutender An-
> teil der Arbeitsbedingungen ist jedoch gesichert. Die Bedeutung betrieblicher Stressoren
> wird nicht zuletzt auch belegt durch nachgewiesene Erfolge betrieblicher Gesundheits-
> förderung."[121]

Einige der in diesem Kapitel vorgestellten Modelle postulieren zusätzlich zu den
eben geschilderten allgemeinen Annahmen spezifische Zusammenhänge zwischen
Stress und psychischen Störungen. Diese Zusammenhänge werden in der Beschreibung der jeweiligen Modelle ausgeführt.

Der enge Zusammenhang zwischen Depressionen und anderen psychischen Störungen auf der einen sowie Suizid auf der anderen Seite kann ebenfalls als gut belegt
betrachtet werden. Neuere Studien relativieren jedoch die bisher dominante Annahme, depressive Störungen bildeten den Hintergrund der Hälfte oder mehr aller Fälle
von Selbsttötungen. So ergibt etwa eine Auswertung von 31 Studien, die versuchen,
das Vorhandensein psychischer Störungen bei Selbsttötungsopfern vor dem Tod per
Interviews mit Hinterbliebenen und per Krankengeschichte zu überprüfen, dass lediglich 30,2% der späteren Selbsttöter nach DSM-IV-Kriterien an *Mood Disorders*
litten.[122] In einer anderen Studie wurde bei 100 Selbsttötungsopfern in Budapest per
Interviews mit Hinterbliebenen festzustellen versucht, an welchen psychischen Stö-

---

[118] Rigotti/Mohr (2011), S. 71.

[119] Vgl. ebd., S. 74.

[120] Vgl. Wang/Patten (2001), S. 283.

[121] Rigotti/Mohr (2011), S. 76.

[122] Vgl. Bertolote et al. (2004), S. 149.

rungen und Substanzabhängigkeiten die späteren Opfer gelitten hatten. Die Studie diagnostizierte bei 36% der Fälle schwere Depressionen nach DSM-IV-Kriterien, was die Forscher mit der Feststellung kommentierten, die bisher angenommenen Relationen wirkten in diesem Lichte übertrieben.[123]

Aber auch neuere Studien bestreiten nicht, dass zwischen psychischen Störungen allgemein – innerhalb derer führen die depressiven Störungen die Liste an – und Suizid ein enger Zusammenhang als etabliert betrachtet werden kann. So hatten von den 31 in erstgenannter Studie untersuchten Selbsttötungsfällen 98% mindestens eine psychische Störung (nach den genannten 30,2% affektiven Störungen kommen substanzbezogene Störungen, Schizophrenie, Persönlichkeitsstörungen, organisch bedingte Störungen, innere Unruhe und Anpassungsstörungen).[124] Nydegger fasst Suizidstatistiken für die USA zusammen: Über 90% aller an Selbsttötung Verstorbenen litten demnach entweder an Depressionen oder einer anderen psychischen oder substanzbezogenen Störung.[125] Die Budapester Studie legt zudem einen direkten Zusammenhang zwischen erlebtem Stress und Suizid nahe.[126]

4.2   Arbeitswissenschaftliches Belastungs-Beanspruchungs-Konzept

Dieses Konzept stammt ursprünglich nicht aus der Psychologie, sondern aus der Arbeitswissenschaft und ist dort mittlerweile ein weithin akzeptiertes Modell. Es behandelte anfänglich nicht psychologische Größen, sondern Belastungsfaktoren aus der Umgebung.[127] Das Kernelement des Modells ist die Unterscheidung zwischen *psychischen Belastungen* als „Gesamtheit der erfassbaren Einflüsse, die von außen auf den Menschen zukommen und auf ihn psychisch einwirken"[128] und der *psychischen Beanspruchung* als „individuelle, zeitlich unmittelbare und nicht langfristige Auswirkung der psychischen Belastungen im Menschen, in Abhängigkeit von seinen individuellen Voraussetzungen und seinem Zustand"[129]. Eine Belastung ist laut diesem Modell nicht in jedem Fall negativ, sondern wird es erst, wenn sie hinsichtlich Ausmaß und Intensität eine Schwelle überschreitet. Die Beanspruchung als Auswirkung der Belastung ist im Gegensatz zu ersterer subjektiv unterschiedlich – gleiche Belastungen führen individuell zu unterschiedlichen Beanspruchungen.[130]

---

[123] Vgl. Zonda (2006), S. 127.

[124] Vgl. Bertolote et al. (2004), S. 149.

[125] Vgl. Nydegger (2008), S. 8.

[126] Vgl. Zonda (2006), S. 127.

[127] Vgl. Bamberg/Keller/Wohlert/Zeh (2006).

[128] DIN-Norm 33405

[129] DIN-Norm 33405.

[130] Vgl. Bamberg et al. (2006), S. 8.

An diesem Konzept werden zwei wesentliche Kritikpunkte geäußert: Zum einen ist die Grenze zwischen Belastungen und Beanspruchung nicht immer klar. Zeitdruck etwa wäre nach dem Modell eine Belastung, da sie sich aus der Arbeitsaufgabe ergibt. Andererseits wird Zeitdruck von Individuen unterschiedlich wahrgenommen.[131] Zum anderen wird der Zusammenhang zwischen Belastung und Beanspruchung generell als ein einfacher kausaler beschrieben, Bewertungsprozesse werden nicht berücksichtigt. Kritiker des Modells sehen so „(...) die Frage, warum Menschen auf gleiche Belastungen unterschiedlich reagieren, nicht beantwortet"[132].

4.3 Allgemeines Adaptationssyndrom nach Selye

Das – inzwischen eher historisch bedeutsame – Modell von Selye (1953) konzentriert sich auf die Auswirkungen von Stress. So sind die Einflüsse, die das *Allgemeine Adaptationssyndrom* auslösen, unbegrenzt. Klar umrissen ist in dem Modell dagegen die Reaktion des Individuums: Auf eine Alarmreaktion folgt, falls der Stress anhält, eine Phase des Widerstandes. Ist das Individuum bei kontinuierlichem Stress nicht in der Lage, die für diese Phase notwendigen Ressourcen zu mobilisieren, folgt als Drittes die Phase der Erschöpfung.[133] Selye sieht den Ursprung der Anpassungsreaktion in der evolutionär herausgebildeten Kampf-oder-Flucht-Reaktion, für die das Nervensystem die notwendigen Ressourcen mobilisiert und störende Prozesse, wie etwa den der Verdauung, ausschaltet. Wird diese Anpassungsreaktion aber durch chronische Stressoren überfordert, kommt es nach diesem Modell vor allem in der Phase der Erschöpfung zu teilweise irreparablen Schäden. Die postulierte Allgemeingültigkeit der Anpassungsreaktion gilt heute als umstritten.[134]

4.4 Transaktionales Stressmodell

Das transaktionale Stressmodell ist das in der Psychologie wohl vorherrschende Modell zur Erklärung der Entstehung von Stress.[135] Das Modell besagt, dass eine Situation vom Individuum in zwei verschiedenen Prozessen bewertet wird:

• Im primären Bewertungsprozess wird das Ereignis als irrelevant, positiv oder stressend eingestuft. Wird das Ereignis als irrelevant oder positiv wahrgenommen, braucht das Individuum nicht zu reagieren.[136] Erscheint das Ereignis stressend, sind drei Kategorisierungen möglich: Bedrohung, also erwartete Schädigung, ein-

---

[131] Vgl. Bamberg et al. (2006), S. 8.
[132] Ebd., S. 9.
[133] Vgl. Richter et al. (2011), S. 28.
[134] Vgl. Zapf/Semmer (2004), S. 1019.
[135] Vgl. ebd., S. 1020.
[136] Vgl. ebd.

getretene Schädigung oder Herausforderung, die wiederum möglicherweise schädigend, möglicherweise aber auch mit positiven Konsequenzen behaftet ist.[137]
• Im sekundären Bewertungsprozess schätzt das Individuum die Möglichkeiten der Bewältigung ein. Physische, soziale, psychische und materielle Bewältigungsmöglichkeiten werden bewertet und Bewältigungsstrategien evaluiert.

Die primäre und sekundäre Bewertung müssen nicht nacheinander erfolgen, die Trennung ist eine rein inhaltliche; beide Prozesse beeinflussen sich gegenseitig. Auf die primäre und sekundäre Bewertung folgt nach dem Modell der Bewältigungsversuch, der entweder problembezogen (also am stressauslösenden Problem ansetzend) oder emotionsbezogen (an den ausgelösten Emotionen ansetzend) sein kann. Schließlich bewertet das Individuum die Situation neu, und der Prozess beginnt eventuell (falls das Ereignis noch als stressend eingestuft wird) abermals.
    Kritiker bemängeln an dem Modell die stark subjektzentrierte Sichtweise: „Die Bedeutung objektiver Stressfaktoren wird (…) in Frage gestellt"[138], so Bamberg et al., weil nach diesem Modell allein die Bewertung durch das Individuum darüber entscheidet, ob es zu Stress kommt oder nicht.

4.5   Ressourcenorientierte Modelle

In der Stressforschung im betrieblichen Kontext gibt es eine Vielzahl von Modellen, die alle ihre Konzentration auf den Faktor der Ressourcen legen. Das tun sie meist vor dem Hintergrund eines Verständnisses von Gesundheit nicht als Abwesenheit von Krankheit, sondern als Kombination lebensnotwendiger Fähigkeiten, wie etwa des Setzens von Zielen. Udris[139] sieht die Gesundheit als „transaktional bewirktes dynamisches Gleichgewicht zwischen Schutz- und Abwehrmechanismen und krankmachenden Umwelteinflüssen"[140] vom Individuum in Gang gesetzt. Die Schutz- und Abwehrmechanismen, also die Ressourcen, unterteilt Udris in organisationale (etwa Partizipationsmöglichkeiten), soziale (wie Unterstützung durch Personen am Arbeitsplatz und in privaten Beziehungen) und personale.
    Organisationale und sozialen Ressourcen zeichnen sich laut diesem Modell vor allem dadurch aus, dass sie dem Individuum erlauben, „(…) eigene Ziele zu verfolgen und störende Einflüsse zu reduzieren"[141]. Personale Ressourcen – der Schwerpunkt von Udris' Modell – helfen dem Individuum dagegen, Stress zu bewältigen. Unter die Kategorie der personalen Ressourcen fallen

---

[137] Vgl. Bamberg et al. (2006), S. 10.
[138] Bamberg et al. (2006), S. 11.
[139] Udris (2006).
[140] Ebd., S. 24.
[141] Richter et al. (2011), S. 25.

„(…) relativ situationskonstante, dabei aber flexible Verhaltens- und Handlungsmuster sowie kognitive Überzeugungssysteme (…) zu letzteren werden Selbstwirksamkeits- und
Kontrollüberzeugungen gezählt sowie dispositionelle Merkmale wie (…) das Kohärenz-
erleben[142]".[143]

Eine weitere personale Ressource ist nach diesem Modell die Erholungsfähigkeit.
Hobfolls Theorie der Ressourcenerhaltung betont ebenfalls die Rolle der Ressourcen bei der Entstehung von Stress. Hobfoll postuliert, dass

„(…) Menschen bei der Bewältigung von Stress eigene Ressourcen (Objekte, persönliche
Eigenschaften, auch Lebensbedingungen außerhalb von Arbeitsumfeld und -aufgabe) zu
schützen versuchen und danach streben, neue Ressourcen aufzubauen."[144]

Verliert das Individuum an Ressourcen, so sind tendenziell seine Bewältigungs-
fähigkeiten (in der Sprache dieses Modells *Copingfähigkeiten*) herabgesetzt; bei
Herausforderungen kommt es schneller zu Stress. Hobfoll misst dabei dem Verlust
von Ressourcen einen größeren Einfluss auf die Gesundheit zu als dem Neugewinn.
Während im transaktionalen Stressmodell die Bewältigung eine individuelle Ange-
legenheit ist und ausschließlich nach problem-/emotionsbezogener Bewältigung
unterschieden wird, betrachtet Hobfoll das Coping als einen Prozess, der individuell
und kollektiv geschehen kann. Er unterscheidet auf drei Achsen zwischen situations-
bezogenen Copingstrategien: zunächst zwischen aktivem und passivem Coping (ers-
teres ist etwa Vorbeugung, das zweite Vermeidungsverhalten). Auf kollektiver Ebene
wird zwischen direktem und indirektem Coping unterschieden – indirektes Coping
bedeutet, dass in Gruppen das gewünschte Verhalten statt per direkter Handlungs-
anweisung eher subtil und implizit auszulösen versucht wird. Hobfoll geht davon
aus, dass kollektivistische Kulturen eher zu indirektem, individualistische eher zu
direktem Coping neigen. Drittens unterscheidet Hobfoll zwischen prosozialem und
antisozialem Coping – das erste ist etwa das direkte Fragen nach Hilfe, das zweite
schädigendes Verhalten, das dazu dient, die eigene Situation psychisch oder mate-
riell zu verbessern und so den Stress zu mindern.[145]

4.6 Arbeitspsychologisches Stressmodell

Das arbeitspsychologische Stressmodell versucht, Elemente von Belastungs- und
Beanspruchungskonzept und dem transaktionalen Stressmodell zu vereinen und so

---

[142] Anm. des Verf.: Dies ist die situationsabhängige und trainierbare Erwartungshaltung eines
    Individuums, die Umwelt sei verstehbar, Ereignisse handhabbar und eigene Handlungen
    sinnvoll.
[143] Richter et al. (2011), S. 25.
[144] Ebd., S. 26.
[145] Vgl. ebd., S. 26.

die jeweiligen Mängel (beim ersten die psychologischen Faktoren bei der Entstehung von Stress sowie die komplexen Konstellationen und langfristigen Folgen,
beim zweiten die äußeren Ursachen für Stress) zu kompensieren. Ressourcen und
Stressoren auf der einen und intraindividuelle Vorgänge auf der anderen Seite sollen
gleichermaßen berücksichtigt werden. Stress ist in diesem Modell definiert als

> „(…) ein subjektiv intensiv unangenehmer Spannungszustand, der aus der Befürchtung
> entsteht, dass eine stark aversive, subjektiv zeitlich nahe (oder bereits eingetretene) und
> subjektiv lang andauernde Situation wahrscheinlich nicht vollständig kontrollierbar ist, de-
> ren Vermeidung aber subjektiv wichtig erscheint"[146].

Ein wesentliches Merkmal des Modells ist die Unterscheidung zwischen Personen-
und Bedingungsebene: Auf der Seite der Person sieht es Ressourcen und Risikofaktoren vor, auf der Bedingungsseite Ressourcen und Stressoren.

> „Die Personenebene bezieht sich auf Merkmale und Kompetenzen, die an eine Person ge-
> bunden sind. Die bedingungsbezogene Ebene bezieht sich auf Merkmale und Faktoren, die
> durch die Umwelt – Situation, Arbeitsaufgabe, Organisation – gegeben sind."[147]

Ein häufig auftretender Stressor ist beispielsweise der Zeitdruck, eine bedingungs-
bezogene Ressource der Handlungsspielraum. Ein Risikofaktor ist niedrige die
Frustrationstoleranz, eine Ressource auf Personenseite sind soziale Kompetenzen.
Durch diese Unterscheidung zwischen individueller und Bedingungsebene, so die
Verfechter des Modells, sei einerseits interindividuellen Unterschieden Rechnung
getragen, andererseits sei nicht einer ins Beliebige reichenden Subjektzentriertheit
Vorschub geleistet und die Grundlage geschaffen, etwa in Präventionsmaßnahmen
Stressorenkonstellationen zu beachten, die bei vielen Individuen zu Stress führen.[148]
Hier – wie auch in der Betonung der Ressourcen als Faktoren, die Stress entgegen-
wirken können – zeigt sich die Orientierung des arbeitspsychologischen Stressmodells als Grundlagenmodell für die praktische Arbeit. Diese geht mit einer
normativen Ausrichtung einher; im Gegensatz etwa zum Belastungs-/Beanspru-
chungskonzept ist Stress hier klar negativ belegt.
   Wie im transaktionalen Stressmodell werden auch hier eine primäre und sekundäre Bewertung sowie eine problem- oder emotionsbezogene Bewältigung angenommen; ebenso bezieht sich die primäre Bewertung hier wie dort auf das Ereignis
selbst, die sekundäre auf die eigenen Bewältigungsprozesse. Auch die Annahmen
zum Bewältigungsverhalten gleichen denen des transaktionalen Stressmodells.
Je nach Zusammenwirken von personen- und bedingungsbezogenen Stressoren,
Risikofaktoren und Ressourcen sowie Bewertungs- und Bewältigungsprozessen
können nach dem arbeitspsychologischen Modell kurz- und langfristige Folgen auf
somatischer, kognitiv-emotionaler und auf der Verhaltensebene entstehen.

---

[146] Greif (1991), zit. nach Greif (2011), S. 349.
[147] Bamberg et al. (2006), S. 12.
[148] Vgl. ebd., S. 13.

4.7   Psychosoziale Risikomodelle

Diese Modelle stellen die Entstehung von Stress als ein Zusammenspiel von Faktoren auf den Ebenen der Person, des Arbeitsumfelds, der Arbeitsaufgabe und des privaten Umfelds der Person dar. Bis auf das erste und das letzte Konzept eint sie, dass sie Stress als Ergebnis von einem Missverhältnis zwischen zwei oder mehr Faktoren postulieren. Die Darstellung dieser Modelle in dieser Arbeit folgt der Zusammenfassung von Richter et al.[149]

Aus der Handlungsregulationstheorie kommt das Konzept der vollständigen/ partialisierten Tätigkeitsstrukturen. Tätigkeiten, die sich etwa durch selbstständige Zielbildung und Entscheidungsfindung, durch die Ausführung von Vorbereitungs-, Organisations- wie auch Kontrollschritten und durch Lern- und Transfermöglichkeiten auszeichnen, erfordern und ermöglichen gleichzeitig Tätigkeitsspielräume. Sogenannte partialisierte Tätigkeiten dagegen, die sich durch unscharfe und fehlende Teilziele, eingeengte Spielräume und fehlende Rückmeldungen auszeichnen, beeinträchtigen die Möglichkeit des Individuums zur Handlungsregulation und nehmen ihm so die Handlungsmöglichkeiten. Wie Untersuchungen belegen, führen partialisierte Tätigkeiten so langfristig zu psychischer Ermüdung, Monotonie-Empfinden, psychischer Sättigung und Stress.[150]

Einen sozialpsychologischen Ansatz verfolgt das *Person-Environment-Fit-Modell* aus den 1970er-Jahren, welches besagt,

> „(…) dass psychische Spannungen und nachfolgende Gesundheitseinschränkungen aus Diskrepanzen zwischen erlebten Arbeitsanforderungen und personalen Ansprüchen und Motiven (Partizipation, Einkommenserwartungen, Selbstentfaltung) an eine sinnerfüllte Arbeit resultieren"[151].

Das Modell unterscheidet zwischen zwei Arten der Übereinstimmung: zum einen zwischen Arbeitsanforderungen und Arbeitsfähigkeit, zum anderen zwischen arbeitsbezogenen Bedürfnissen und Erwartungen und der Möglichkeit ihrer Erfüllung. Die Gesamtbelastung durch Inkongruenz ergibt sich durch die Addition beider Inkongruenzen. Das Modell postuliert also einen direkten Zusammenhang zwischen mangelnder Übereinstimmung von Umwelt und Person sowie psychischen oder somatischen Störungen. Nach einer Weiterentwicklung des Modells wird zwischen einer objektiven Person-Umwelt-Übereinstimmung (wie es ist) und einer subjektiven (wie das Individuum es wahrnimmt) unterschieden. Auch wenn die empirische Evidenz für das Modell dürftig ist beziehungsweise bezüglich der sogenannten objektiven Übereinstimmung nicht existiert[152] und insgesamt sehr gemischt ausfällt,

---

[149] Vgl. Richter et al. (2011).

[150] Vgl. Plath & Richter (1984), nach Richter et al. (2011), S. 39f.

[151] Richter et al. (2011), S. 34.

[152] Hier stellt sich die Frage, ob es eine solche objektive Übereinstimmung oder Nicht-Übereinstimmung gibt und falls ja, ob und mit welchen Indikatoren diese gemessen werden kann.

bescheinigen Richter et al. ihm den Wert, eine Grundlage sowohl für weiterführende theoretische Modelle als auch für bedingungs- wie personenbezogene Arbeitsanalyseverfahren gelegt zu haben.[153]

Das *Job Demand-Control-Modell* von Karasek[154] umfasst die Dimensionen *Arbeitsanforderungen* und *Tätigkeitsspielraum*; mit Letzterem ist die Kontrolle über die eigene Arbeitsaufgabe gemeint – also die Möglichkeit, Ziele und Methoden zu deren Erreichung oder Zeitpläne selbst zu bestimmen. Aus dem Verhältnis zwischen diesen beiden Tätigkeitseigenschaften ergibt sich das Gesundheitsrisiko. Ideal – also sowohl für die Gesundheit als auch für die Entwicklung der Persönlichkeit förderlich – wäre laut dem Modell eine Kombination zwischen hoher Kontrolle über die eigene Arbeit auf der einen und hohen Anforderungen auf der anderen Seite, denn sie bedeute weder maßgebliche Risiken noch Förderungspotentiale für Gesundheit und Persönlichkeit. Das größte Risiko vor allem für psychische Krankheiten, wie etwa Depressionen, ergibt sich dagegen aus der Kombination von niedriger Kontrolle und hohen Anforderungen. Die Kombination zwischen geringer Kontrolle und geringen Anforderungen ist ebenfalls schädlich. Statt dass sie wie die vorige Gesundheitsrisiken birgt, nimmt das Modell an, dass sie zu einer Absenkung der persönlichen Aktivierung und Problemlösefähigkeit führt.

In einer Weiterentwicklung wurde die moderierende Variable der *sozialen Unterstützung* in das Modell miteinbezogen. Angenommen wird, dass ihr Fehlen den gesundheitsschädigenden Effekt der Kombination hoher Anforderungen und geringer Eigenkontrolle noch verstärkt. Auch wurde der Begriff des Tätigkeitsspielraums aufgespalten in die Autonomie bei der eigenen Arbeitsaufgabe und den Einfluss auf die Bedingungen der Arbeit, etwa durch Erfolgsbeteiligungen. Operationalisiert wurde bisher nur das erste Teilkonzept.[155]

Kritisiert wird an dem Modell die definitorische Unschärfe der Dimension *Tätigkeitsspielraum*. Sie wurde in einigen Studien in zwei getrennte Dimensionen aufgeteilt: *Control*, die Kontrolle über die eigene Tätigkeit, und *Skill utilization*, eine Dimension, die misst, inwiefern die Arbeitenden ihre selbst wahrgenommenen Stärken im Job anwenden können. Ebenfalls korrelieren die Skalen *Anforderung* und *Tätigkeitsspielraum* nach empirischen Befunden miteinander – das Modell setzt aber eine Unabhängigkeit der Skalen voraus. Auch zeigen Studien, dass der Verlauf des Gesundheitsrisikos je nach den beiden Dimensionen nicht wie im Modell impliziert linear, sondern häufig kurvilinear ist. Schließlich wird vermutet, dass Persönlichkeitsmerkmale als moderierende Variable wirken; sie werden in diesem Modell jedoch nicht erwähnt.

Richter et al. urteilen dennoch, das Modell habe sich besonders nach der Erweiterung um die moderierende Variable *soziale Unterstützung* „als ausgezeichneter Prä-

---

[153] Vgl. Richter et al. (2011), S. 35.

[154] Zit. nach ebd., S. 36.

[155] Vgl. ebd., S. 37f.

diktor für arbeitsbedingte Erkrankungen"[156] erwiesen. So sei in Längsschnittstudien bei einer Kombination von hohen Anforderungen und geringer Eigenkontrolle etwa ein höheres Risiko für Herz-Kreislauf-Erkrankungen, Diabetes, Depressionen, affektive Störungen und Burnout belegt.

Die kanadischen Forscher Wang und Patten betonen außerdem die solide Beweislage für den Effekt der sozialen Unterstützung als moderierende Variable.[157] Eine Untersuchung von ihnen belegt nicht nur diesen, sondern auch die schädlichen Auswirkungen mangelnden Tätigkeitsspielraums. Sie analysierten Daten der *National Population Health Survey* Kanadas. Der wahrgenommene Stress am Arbeitsplatz war dort mit einer 12-Item-Skala auf sechs Dimensionen erfasst. Die Angaben setzten sie in Beziehung mit der Prävalenz für schwere Depressionen *(major Depression)*, ebenfalls im Rahmen der Volksumfrage, gemessen mit der Kurzform des *Composite International Diagnostic Interview*. Wang und Patten fassen die Resultate zusammen:

> „Participants who reported high stress in decision authority, job insecurity, and lack of social support from coworkers and supervisors were more likely to experience major depression than those who reported low stress in decision authority, job insecurity, and sufficient social support from coworkers and supervisors."[158]

Gleichzeitig stellen die Autoren die eigenen Befunde in eine Reihe mit anderen Längs- und Querschnittstudien mit ähnlichen Ergebnissen.[159]

Griffin et al.[160] überprüften das *Job Demand-Control-Modell*, das *Effort-Reward-Imbalance-Modell* (s. u.) sowie ein weiteres Modell, und zwar anhand von Eigenaussagen sowie beobachteten Daten von britischen Beamten hinsichtlich des Effekts von Arbeitsbedingungen auf Symptome von Depressionen und Nervosität. Das *Job Demand-Control-Modell* war das einzige Modell, dessen Annahmen von der Studie (weitestgehend) belegt wurden: Griffin et al. fanden einen signifikanten umgekehrten Zusammenhang zwischen psychosozialen Ressourcen, wie Entscheidungsfreiheit, Belohnung und dem Einsetzen der eigenen Fähigkeiten, mit Symptomen von Depressivität und innerer Unruhe. Da dieser Effekt sowohl bei den Selbstauskünften der Angestellten als auch bei den beobachteten Daten ohne signifikante Unterschiede in der Stärke auftritt, werten die Forscher die Ergebnisse als nicht beeinflusst von dem möglichen Methoden-Bias, der hier auftreten könnte, da Probanden mit depressiven Symptomen im Vergleich zu solchen ohne diese zu einer negativeren Bewertung ihrer Umwelt tendieren könnten. Griffin et al. schließen:

---

[156] Richter et al. (2011), S. 36.

[157] Wang/Patten (2001).

[158] Ebd., S. 286.

[159] Vgl. ebd., S. 287.

[160] Griffin et al. (2007).

"Our findings suggest that the DCS (das um die Dimension Support erweiterte Demand-Control-Modell, Anm. d. Verf.) may be more precise than other models or combinations of models in describing the relationship between stressful job characteristics and depression and anxiety symptoms".[161]

Das *Effort-Reward-Imbalance-Modell* (ERI) von Siegrist[162] setzt zwei andere Größen miteinander in Beziehung, um davon die Stressgefahr abhängig zu machen – und zwar den Arbeitsaufwand auf der einen, die Belohnungen (dazu gehören das Gehalt, aber auch nicht-materielle Faktoren, wie Wertschätzung oder Aufstiegsmöglichkeiten) auf der anderen Seite. Als moderierende Variable kommt in diesem Modell das sogenannte *überangepasste Verhalten* zur Geltung, das eine erhöhte Tendenz des Individuums zur Verausgabung am Arbeitsplatz bezeichnet. Dieses Verhalten fördert der Theorie nach die Verausgabung und schmälert die subjektiv empfundene Belohnung. Bei mangelnder Balance zwischen den Größen kommt es zur *Gratifikationskrise*. In Kohorten- und Längsschnittstudien habe sich diese Betrachtung „(…) als sehr wirkungsstarkes Modell zur Vorhersage somatischer und psychischer Krankheiten erwiesen"[163], urteilen Richter et al. Im Gegensatz dazu fanden Griffin et al. keine Zusammenhänge zwischen den in dem Modell angesprochenen Variablen – also überangepasstes Verhalten, Aufwand und Belohnungen – auf der einen und innerer Unruhe sowie Depressionen auf der anderen Seite: „None of the ERI variables were associated with depression or anxiety symptoms."[164]
Eine Spezifizierung des Modells ist das Konzept des *Stress as Offence to Self*, abgekürzt SOS. Es postuliert, dass mangelnde Wertschätzung am Arbeitsplatz zu Selbstwertbedrohung führt, mit der Stress einhergeht. Mangelnde Wertschätzung kann etwa bedeuten, dass ein Vorgesetzter sich respektlos verhält oder dass die Arbeitsaufgaben als unpassend (als der eigenen Qualifikation nicht genügend) empfunden werden. Als belegt gilt, dass zwischen als unangemessen empfundenen Arbeitsaufgaben und psychosomatischen Beschwerden ein signifikanter Zusammenhang besteht.[165] Bei der *organisationalen Ungerechtigkeit* ist dagegen unklar, ob es als Spezifizierung des *Effort-Reward-Imbalance-Modells* gelten kann oder als eigene Theorie betrachtet werden sollte. Die subjektiv empfundene Ungerechtigkeit wird hier „(…) hinsichtlich zweier Facetten erfasst: Ungerechtigkeit bei der Teilnahme an Entscheidungsprozessen in der Organisation und bei der Gestaltung zwischenmenschlicher Beziehungen"[166]. In beiden Fällen werden eine Wirkung auf den erlebten Stress und eingeschränktes psychisches Wohlbefinden postuliert, eine Annahme, die mittels Kohortenstudien in Krankenhäusern belegt wurde.[167]

---

[161] Griffin et al. (2007), S. 345.
[162] Siegrist (1996).
[163] Richter et al. (2011), S. 36.
[164] Griffin et al. (2007), S. 345.
[165] Vgl. Richter et al. (2011), S. 42.
[166] Ebd., S. 38.
[167] Vgl. ebd., S. 38.

Nicht bei Richter et al. aufgeführt, aber dennoch nennenswert, ist eine dritte Dimension der Fairness beziehungswiese Ungerechtigkeit, nämlich die *faire Verteilung von Ressourcen*. Die genauen Wirkungsweisen der erlebten Unfairness sind noch nicht hinreichend erforscht. Als sicher gilt jedoch, dass sie emotionale Auswirkungen haben, zu verstärkter Rumination führen und über generalisierte Erwartungshaltungen, wie die sogenannte *erlernte Hilflosigkeit*, zu Depressionen führen kann.[168]

Das *Job Demands-Resources-Modell* kennzeichnet gegenüber den drei eben genannten (Person-Environment-Fit-Modell, Job Demand-Control-Modell, Effort-Reward-Imbalance-Modell), dass seine Annahmen abstrakter sind, sodass nicht nur spezifische Risiken und Ressourcen, sondern theoretisch alle erfasst sind. Das Modell sieht *Job Demands* (Risikofaktoren) und *Job Resources* (Arbeitsressourcen) vor. Diese werden – ein weiterer Unterschied zu den vorigen Modellen – nicht gegeneinander aufgewogen. Stattdessen wird postuliert, dass Risikofaktoren und Ressourcen in zwei unterschiedliche Prozesse involviert sind. Job Demands führen demnach etwa zu Burnout-Symptomen und Gesundheitsbeschwerden, Job Resources dagegen über erhöhte Motivation zu positiven Gesundheitsfolgen. Gleichzeitig gibt es Interaktionseffekte zwischen Job Demands und Job Resources in der Form, dass Ressourcen die Auswirkungen von Risikofaktoren mindern können. Der Vorteil dieses Modells ist seine Offenheit – so können etwa moderierende Variablen eingeführt werden, wie es mit personenbezogenen Ressourcen geschehen ist. Der Zusammenhang zwischen Ressourcen und Engagement sowie der zwischen Burnout und Risikofaktoren konnten in Studien belegt werden.[169] Richter et al. schließen:

„Das Job Demands-Resources-Modell eignet sich für die praktische Anwendung aufgrund seiner Offenheit, seiner Erweiterbarkeit und nicht zuletzt durch seinen ressourcenorientierten Ansatz für die Analyse psychosozialer Risiken und die gesundheitsförderliche Gestaltung von Arbeitsplätzen im Kontext moderner Arbeitsbedingungen. Es bietet die Möglichkeit, die Annahmen (des Job Demand-Controll-Modells und des Effort-Reward-Imbalance-Modells, Anm. d. Autors) zu integrieren und so in einem breiteren Kontext zu betrachten."[170]

4.8 Potentiell vermittelnde Beanspruchungsfolgen: Burnout und Irritation

Als vermittelnde Variable zwischen Stress und gesundheitlichen Auswirkungen kann die *Irritation* betrachtet werden, deren Konzept als Indikator psychischer Strapazen von Gisela Mohr entwickelt wurde. Irritation ist danach definiert als

„(…) ein Zustand psychischer Befindensbeeinträchtigung in Folge erlebter Zieldiskrepanz, der sowohl Ruminationen (Grübeleien) im Sinne verstärkter Zielerreichungsbemühungen als auch Gereiztheitsreaktionen im Sinne einer Zielabwehrtendenz umfasst"[171].

---

[168] Vgl. Rigotti (2010), S. 211ff.
[169] Vgl. Richter et al. (2011), S. 40.
[170] Ebd.
[171] Zit. nach Rigotti/Mohr (2011), S. 69.

In verschiedenen Studien konnte die vermittelnde Wirkung der Irritation zwischen Stressoren und gesundheitlichen Beeinträchtigungen belegt werden. Jacobshagen et al. stellten diese Wirkung in einem Modell dar, das einerseits signifikante Einflüsse jeweils von Leistungsdruck, Rivalität und der Schulumgebung auf das Erleben von Irritation und im zweiten Schritt signifikante Einflüsse der Irritation auf psychosomatische Beschwerden sowie depressive Verstimmung vorsieht und mittels einer Studie bei Kindern und Jugendlichen an zwei Schweizer Schulen belegt.[172]

Ebenfalls eng mit sowohl Stress als auch gesundheitlichen Auswirkungen verknüpft ist der *Burnout*. Dieses Syndrom setzt sich nach Maslach und Jackson aus den Komponenten *emotionale Erschöpfung*, *Depersonalisation* und *reduzierte Leistungsfähigkeit* zusammen.[173]

Laut ICD-10[174] gilt Burnout nicht als eigenständige Krankheit, sondern als ein Risikofaktor; in diesem Sinne betont das Klassifizierungssystem die potentiellen Folgen des Burnouts.[175] Manz favorisiert die Betrachtung des Burnouts als Prozess, der mit „alltäglichen, normalen Reaktionen auf Beanspruchungen und Belastungen"[176] beginnt und je nach Modell etwa in Verzweiflung, Apathie oder Empfindungslosigkeit enden kann. Die Ursache sieht er in einer übersteigerten Leistungsmotivation.[177] Mohr und Rigotti ergänzen diese Bedingung um die (materielle oder immaterielle) Entlohnung, sodass bei ihnen das Verhältnis zwischen Engagement und Ertrag für das Zustandekommen vom Ausgebranntsein entscheidend ist.[178] Zapf und Semmer dagegen zweifeln ob der Nähe zu anderen Stresssymptomen, wie Depressivität oder psychosomatischen Beschwerden, am Sinn des Burnouts als eigenständiges theoretisches Konstrukt.[179] Fest steht, dass Burnout bisher kaum epidemiologisch erforscht ist.[180]

4.9   Fazit „Arbeit und Gesundheit"

Im Folgenden werden diejenigen Inhalte aus den Modellen zu Arbeit und Gesundheit umrissen, bei denen die Aufnahme in das Kategoriensystem der Inhaltsanalyse sinnvoll erscheint. Das maßgebliche Kriterium dabei ist, dass die Bereiche als be-

---

[172] Jacobshagen et al. (2009).

[173] Vgl. Maslach/Jackson (1981), zit. nach Rigotti/Mohr (2011), S. 68.

[174] ICD-10: Internationale Klassifikation der Krankheiten, 10. Revision.

[175] Vgl. Rigotti/Mohr (2011), S. 68.

[176] Manz (2010), S. 365.

[177] Vgl. ebd.

[178] Vgl. Rigotti/Mohr (2011), S. 68.

[179] Vgl. Zapf/Semmer (2004), S. 1073.

[180] Vgl. Rigotti/Mohr (2011), S. 68.

sonders relevante Konsens-Forschungsinhalte bezeichnet werden können, also in mehreren der Modelle eine Rolle spielen.

Als erste Kategorie und Schnittmenge zwischen allen Modellen drängt sich die Kategorie der **Person** auf. Aus dem transaktionalen und dem arbeitspsychologischen Stressmodell folgt, dass es sinnvoll ist, hier *Bewertungs- und Bewältigungsprozesse* zu berücksichtigen. Weiter können auf Personenebene nach den ressourcenorientierten Modellen und dem arbeitspsychologischen Stressmodell die *Risikofaktoren* von den *Ressourcen* getrennt werden.

Das Gegenstück zur Person sind die **Bedingungen**, explizit erwähnt etwa im Arbeitspsychologischen Stressmodell. Hier könnte eine erste Unterkategorie die der *Arbeitsbedingungen* sein. Diese wiederum sollte, um den Erkenntnissen der psychosozialen Risikomodelle Rechnung zu tragen, zwischen *Arbeitsumfeld* (etwa soziale Unterstützung am Arbeitsplatz, organisationale Fairness oder auch physische Bedingungen mit Auswirkung auf die Psyche wie Lärm) und *Arbeitsaufgabe* (wie Arbeitsanforderungen oder Tätigkeitsspielraum) unterscheiden. Ressourcenorientierte Modelle von Udris und Hobfoll wie auch die unter 4.1 zitierte Ausführung von Mohr und Rigotti legen zudem nahe, eine weitere Unterkategorie der Bedingungen zu schaffen, nämlich die der *Bedingungen im Privatleben*. Darunter sollen alle im Artikel erwähnten Bedingungen außerhalb des Arbeitsplatzes fallen. Bei den Bedingungen muss ferner zwischen *Ressourcen* und *Stressoren* unterschieden werden. Erstere werden etwa in den ressourcenorientierten Modellen sowie im Arbeitspsychologischen Stressmodell umschrieben; die Stressoren kommen in jedem Modell in der einen oder anderen Form vor.

Die psychosozialen Risikomodelle beinhalten außerdem vielfältige **Interaktionen zwischen Person und Bedingungen** sowie **zwischen Stressoren und Ressourcen**. In diese Kategorie können im weiteren Sinne auch moderierende Variablen wie Burnout und Irritation gezählt werden – die beiden Phänomene erscheinen jedoch zu speziell, um aus ihnen eine eigene Kategorie zu bilden.

5 Operationalisierung und Methode

5.1 Zusammenfassung und Konkretisierung von Forschungsfrage und Vorgehensweise

Durch eine Themen-Frequenzanalyse nach Früh[181] soll eine erste Antwort auf die Frage gegeben werden, inwieweit Journalisten psychologisches Wissen zum Thema *psychische Gesundheit am Arbeitsplatz* in ihren Texten berücksichtigen.

Mittels des aufgeführten Kategoriensystems wird eine Auswahl an Artikeln über Selbsttötungsserien in Unternehmen untersucht. So soll der Frage nachgegangen werden, über welche Bereiche die Journalisten eher psychologisches Forschungswissen transportieren und über welche weniger. Entscheidend ist, ob der Text einen Bezug zum Themenfeld *psychische Gesundheit/psychische Störungen* aufweist.

Eine weitere Konkretisierung ist die, dass nicht nur dasjenige Forschungswissen erfasst wird, das einen klaren Bezug zum Lebensbereich *Arbeit* hat. Entscheidend ist, ob eine Aussage über die Hintergründe der psychischen Gesundheit gemacht wird. Die Beziehung zum Arbeitsplatz wird zwar durch den Anlass der Artikel (Selbsttötungswellen in Firmen) vorgegeben, aber in der Inhaltsanalyse soll untersucht werden, zu welchen Bereichen Wissen wiedergegeben wird. Für die Beantwortung dieser Frage ist es notwendig, auch jene Bereiche zu erfassen, die Aussagen zur psychischen Gesundheit in Verbindung mit anderen Lebensbereichen als dem Arbeitsplatz machen.

Als theoretischer Hintergrund wird dabei der Beobachtungsansatz nach Kohring dienen. Die in ihm angenommene Autonomie des journalistischen Beobachters bedeutet für das Untersuchungsdesign, dass zunächst lediglich erfasst werden soll, welche Bereiche sich größerer und welche sich geringerer Aufmerksamkeit der Journalisten erfreuen. Zwar ist eine Interpretation des Materials im Anschluss an die Erhebung vorgesehen, jedoch soll das Kategoriensystem selbst keine quantifizierten Werturteile produzieren.

Dabei sind für diese Studie weniger die Unterschiede zwischen den Artikeln, sondern mehr die massenmediale Berichterstattung in ihrer Gesamtheit entscheidend, denn diese bestimmt das Informationsangebot, aus dem der Rezipient (zumindest theoretisch) auswählen kann. Der einzelne Journalist, der einzelne Beitrag setzt zwangsläufig Akzente, betont manches, vernachlässigt anderes. Im Sinne dieser Arbeit berichtenswert oder gar problematisch ist es erst, wenn die Berichterstattung insgesamt ein Übergewicht zur einen oder anderen Seite aufweist.

---

[181] Vgl. Früh (2007), S. 147ff.

5.2   Deduktiv abgeleitete Bereiche des Kategoriensystems

Im Folgenden werden die in Punkt 4.8 zusammengefassten, aus psychologischen Modellen deduktiv abgeleiteten Bereiche genauer expliziert und systematisiert. Diese Kategorien in Form von Themen bilden den Schwerpunkt der Inhaltsanalyse.[182] Es bietet sich ein Kategoriensystem an, das mit Verzweigungen in Unterkategorien arbeitet. Die Kategorien sollen im Sinne der Vergleichbarkeit der Bereiche mit dem Ziel der Beantwortung der Forschungsfrage und darüber hinaus aus forschungspragmatischen Gründen nur so spezifisch wie nötig formuliert werden. Auf weitverzweigte Unterkategorien wird also verzichtet; spezifische Konzepte finden eher als Beispiele bei den Codieranweisungen Eingang in den Versuchsaufbau.

Vorläufiges Kategoriensystem: Gesundheit am Arbeitsplatz

1 Bedingungen

1.1 Bedingungen Arbeit
    1.1.1 Arbeitsumfeld
        1.1.1.1 Stressoren Arbeitsumfeld
        1.1.1.2 Ressourcen Arbeitsumfeld
    1.1.2 Arbeitsaufgabe
        1.1.2.1 Stressoren Arbeitsaufgabe
        1.1.2.2 Ressourcen Arbeitsaufgabe
1.2 Bedingungen im Privatleben
    1.2.1 Stressoren Privatleben
    1.2.2 Ressourcen Privatleben

2 Person

2.1 Personale Risikofaktoren
2.2 Personale Ressourcen
2.3 Bewertungs- und Bewältigungsprozesse
    2.3.1 Bewertungsprozesse
    2.3.2 Bewältigungsprozesse

3 Interaktionen

3.1 Interaktionen zwischen Person und Bedingungen
3.2 Interaktionen zwischen Stressoren und Ressourcen

---

[182] Zur systematischen Beschreibung der sogenannten Themenfrequenzanalyse siehe Früh (2007), S. 159.

5.3   Andere zu erfassende Parameter

– Wer macht die jeweilige Aussage? Kategorien: Autor, Experte, Akteur

Die Erfassung dieses Parameters soll dazu dienen, weitere Aufschlüsse über den Stellenwert eines Bereichs in der Berichterstattung zu erhalten: Äußerungen, die der Autor selbst tätigt, gelten in der Regel als vertrauenswürdig – zumindest ist diese Wirkung intendiert. Aussagen unabhängiger Experten und Fachleute transportieren ebenfalls eine gewisse Glaubwürdigkeit. Aussagen von Akteuren dagegen sind immer partielle Aussagen, so wie bei vorliegenden Artikeln etwa Stimmen von Gewerkschaften, Mitarbeitern oder der Konzernleitung von France Télécom.

– Name der Zeitung, Ressort

Der Versuch, die Texte nach Darstellungsformen zu unterteilen, wird in dieser Arbeit bewusst nicht unternommen. Behauptungen über die Gründe von Selbsttötungen am Arbeitsplatz können vom Autor, von so etikettierten „Experten", von Akteuren, wie Unternehmenslenkern oder Gewerkschaftschefs in Kommentaren wie auch in Nachrichten, Interviews oder Reportagen gemacht werden, wie bereits eine Sichtung der Artikel zeigt. Insofern ist die Feststellung der journalistischen Stilform für die Beantwortung der Forschungsfrage nicht relevant, weil die Kriterien dafür keinesfalls eindeutig sind, abgesehen davon, dass sie schwierig ist.

Auch erscheint es nicht nötig, die Länge der Artikel zu erfassen: Jede Äußerung im Text wird ohnehin darauf überprüft, ob sie auf eine der Kategorien zutrifft (siehe Codieranweisungen); demnach kann die gleiche Kategorie in einem Text mehrfach gezählt werden. Daraus folgt, dass sich die Länge eines Artikels insofern bemerkbar macht, als dass aus längeren Artikeln potentiell mehr relevante Äußerungen extrahiert werden. Die Länge der Artikel zusätzlich zu erheben, verspräche also keinen Erkenntnisgewinn.

5.4   Fragestellungen

Frage 1: Werden in den 58 Artikeln alle Bereiche (Bedingungen, Person, Interaktionen) genannt? Wie oft jeweils?

Frage 2: Gibt es eine oder mehrere Unterkategorien, die besonders häufig erwähnt wird/werden?

Mit der Antwort auf die erste Frage soll untersucht werden, ob alle für wichtig erachteten Bereiche in den Artikeln angesprochen werden. Die Antwort auf die zweite Frage soll klären, ob es nach der Systematik des vorliegenden Kategoriensystems einen besonderen Schwerpunkt in der Berichterstattung gibt.

Frage 3: Wie oft und lang werden die Bereiche *Bedingungen* und *Person* im Vergleich zueinander genannt?

Frage 4: Wie viel Beachtung bekommen die *Arbeitsbedingungen*, wie viel im Verhältnis dazu die *Bedingungen im Privatleben*?

Eine Möglichkeit: Da die Selbsttötungswellen in den Firmen den Anlass des Artikels bilden, werden im Vergleich zur Personen-Ebene die Bedingungen und im Vergleich zu den Bedingungen im Privatleben die Arbeitsbedingungen in den Vordergrund gestellt (die Bedingungen auf der Makroebene werden hier bewusst ausgeklammert, da ihre Verbindung zu den Selbsttötungen abstrakter und indirekter ist).

Diese Konzentration auf Bedingungen beziehungsweise Arbeitsbedingungen würde nicht zuletzt der Sensationalisierung des Themas dienen: Werden die Gründe für die Selbsttötung in anderen Bereichen gesucht (Person und Privatleben), so würde dies die Wirkung der (wahrscheinlich bemängelnswerten) Situation am Arbeitsplatz auf die psychische Situation des Selbsttötungsopfers relativieren. Dem eigenen Artikel die Brisanz zu nehmen, dürfte aber nicht im Interesse der Journalisten und Medienunternehmen liegen. Wäre das der Fall, so würde die Berichterstattung einem Zirkelschluss erliegen: Wichtiges Wissen, das unter Umständen zumindest als Hintergrundwissen den Rezipienten in ihrem eigenen Leben helfen oder welches diese durch interpersonale Kommunikation verbreiten könnten, ginge in diesem Fall verloren. Dies wäre ein problematischer und diskussionswürdiger Befund: Zum einen in Bezug auf die praktischen und politischen Implikationen dieses Ergebnisses, und zum anderen müsste auf theoretischer Ebene in diesem Fall eventuell festgestellt werden, dass neue und empirisch anschlussfähigere theoretische Positionen notwendig sind.

Frage 5: Wie viel Beachtung finden (auf Personen- und Bedingungs-Ebene zusammengenommen) Stressoren und Risikofaktoren im Vergleich zu den Ressourcen?

Möglich wäre, dass die Stressoren und Risikofaktoren öfter und länger erwähnt werden: Journalisten suchen in der Regel nach dem Besonderen, und Störungen weichen eher von der angenommenen Norm ab als Faktoren, die dazu führen, dass alles im geordneten Rahmen verläuft. Dazu kommt: Das im Artikel erklärte Ereignis ist ein negatives. Da die Journalisten die komplexen Zusammenhänge in der Regel vereinfachen, ist zu erwarten, dass sie dieses negative Ereignis öfter mit schädlichen als mit schützenden Einflüssen erklären.

Frage 6: Wie oft und wie lange ist auf Personen-Ebene von Risikofaktoren und Ressourcen, wie oft und wie lange von Bewertungs- und Bewältigungsprozessen die Rede?

Möglich wäre, dass Journalisten eine im Vergleich zur Wissenschaft weniger komplexe Narration des Phänomens *Selbsttötung am Arbeitsplatz* inklusive einer vereinfachten Kausalkette bezüglich der Gründe vermitteln. Stressoren, Risikofaktoren und (fehlende) Ressourcen bilden hier – so die Vermutung – eine relativ einfache Erklärung für die Selbstmorde, auf die wahrscheinlich gehäuft zurückgegriffen wird. Unterschiedliche Verarbeitungsstile, die die Bewertungs- und Bewältigungsprozesse beschreiben, sind möglicherweise aus Sicht der Journalisten weniger geeignet, das Geschehen komplexitätsreduziert zusammenzufassen.

5.5   Auswahl des Untersuchungsmaterials

Ausgewählt werden Artikel mit Bezug zu den Selbsttötungswellen bei France Télécom. Auch beim französischen Autokonzern Renault oder in China, beim Chiphersteller Foxconn, gab es Selbsttötungswellen. Eine Konzentration auf die Ereignisse bei dem französischen Unternehmen erscheint dennoch sinnvoll, denn es können zu Deutschland gewisse kulturelle und wirtschaftliche Ähnlichkeiten angenommen werden, auch hinsichtlich Kürzungen und der Privatisierungsprozesse. Es kann daher vorausgesetzt werden, dass es um Prozesse geht, die zum einen die Journalisten verstehen können und zum anderen nicht allzu weit von der Erfahrungswelt des Lesers entfernt sind, sodass ein Vermitteln von Hintergrundwissen zumindest theoretisch sinnvoll ist.

Als Suchbegriffe werden die Wörter „France" / „Télécom" (mit und ohne Akzent) und „Selbstmord" / „Selbsttötung" / „Suizid" / „Selbstmordwelle" / „Selbsttötungswelle" (in verschiedenen Durchgängen) durch den Parameter „AND" miteinander verknüpft, sodass nur solche Texte ausgewählt werden, die alle drei Begriffe enthalten (Genaueres siehe unten). Anschließend wird manuell untersucht, ob im jeweiligen Text die möglichen Gründe und Hintergründe der Selbsttötungen thematisiert werden. Wird mindestens eine Behauptung in dieser Richtung angestellt – egal ob durch den Autor, per indirekter Rede oder per Zitat – so wird der Text in die Kategorie der zu untersuchenden Artikel aufgenommen.

Kriterien für die Auswahl der Printmedien

Der Verlagsort muss in Deutschland sein, weil die Vermittlungsleistung der hiesigen Presse untersucht werden soll.

Es muss sich um eine Tageszeitung handeln.

Nur überregionale Zeitungen wurden untersucht. Diese haben am ehesten die Ambition, den Platz und die Ressourcen, auch das internationale Geschehen – selbst wenn es frei von Auswirkungen auf Deutschland oder einzelne Regionen ist – in angemessenem Umfang aufzubereiten. Tageszeitungen mit wirtschaftlichem Schwerpunkt werden aufgrund der Passung zum bearbeiteten Themenfeld ebenfalls in die Grundgesamtheit aufgenommen.

Nur Texte ab einer Länge von 100 Wörtern kamen in die Vorauswahl. Texte unter dieser Länge können psychologische Hintergründe nur mit geringer Wahrscheinlichkeit transportieren, da es sich in der Regel um Kurzmeldungen handelt, die allenfalls die wichtigsten Sachfragen beantworten.

Nur Texte, die Annahmen zu den Ursachen von Stress und/oder Suizid wiedergeben, wurden untersucht. Dieser Punkt ergab sich von selbst. Wird keine Aussage zu diesem Thema gemacht, gibt es nichts zu codieren.

Nur Abonnementzeitungen wurden untersucht. Dass Boulevardzeitungen stark sensationalisieren und somit die Risikofaktoren am Arbeitsplatz stark in den Vordergrund rücken, ist anzunehmen. Bemerkenswert und möglicherweise problematisch wäre erst, wenn auch Qualitätszeitungen ein derartiges Ungleichgewicht erkennen ließen. *Welt Kompakt*, die Schwesterpublikation der *Welt*, wird ebenfalls nicht berücksichtigt, da sie zum einen vor allem aus gekürzten Texten der *Welt* besteht, die Teil der Grundgesamtheit ist, und zum anderen, weil sie aufgrund der programmatischen Kürze kaum geeignet sein dürfte, komplexe Sachverhalte wie den, dessen Vermittlung in dieser Arbeit überprüft wird, zu transportieren. Ebenfalls außen vor gelassen werden Onlinemedien. Diese sind in der Regel auf Übersichtlichkeit ausgelegt; insofern gilt hier die gleiche Überlegung wie bei der *Welt Kompakt*. Die Texte von Nachrichtenagenturen, wie die *Deutsche Presse-Agentur* (dpa) oder die *Agence France-Presse* (AFP) – die Texte und Fotos im Rahmen von Abonnements an Medien liefern, die diese veröffentlichen – werden dann untersucht, wenn sie in den betreffenden Tageszeitungen platziert sind. Gesondert ausgewertet werden sie nicht, da im Sinne der Forschungsfrage das interessiert, was beim Leser ankommt, aber nicht, was von welchem Medienunternehmen erarbeitet wurde. Dies bedeutet gleichzeitig, dass der gleiche Artikel unter Umständen mehrmals ausgewählt wird, wenn er in mehreren zur Grundgesamtheit gehörenden Zeitungen vorkommt.

Zeitraum

Es handelt sich um eine Vollerhebung jeweils von den ersten Artikeln über die Selbsttötungswelle bis zum 15.7.2011. Der Anfang des Erhebungszeitraums ergab sich von selbst: Im Juni 2008 druckten die Zeitungen die ersten kurzen Nachrichten über eine Häufung von Selbsttötungsfällen bei France Télécom, die sich in den Wochen zuvor zugetragen hatte. Das Ende des Zeitraums ist willkürlich gesetzt und ausschließlich forschungspragmatischen Gründen geschuldet. Da aber die Häufung an Selbsttötungsfällen einige Zeit zurückliegt, spricht alles dafür, dass die Untersuchung vom Zeitraum her auch nach dem Gesichtspunkt der Erkenntnis adäquat ist.

Methodik bei der Auswahl

Zunächst wurde im Online-Archiv *Genios* in den verfügbaren Medien, die unter *Presse Deutschland* geführt werden, nach unterschiedlichen Synonymen und

Schreibweisen gesucht, um wie auch immer geartete Verzerrungen in der Auswahl zu vermeiden. Es wurde nach folgenden Begriffskombinationen gesucht:

- „France" AND „Télécom" AND „Selbstmord"
- „France" AND „Télécom" AND „Selbsttötung"
- „France" AND „Télécom" AND „Suizid"
- „France" AND „Télécom" AND „Selbstmordwelle"
- „France" AND „Télécom" AND „Selbsttötungswelle"
- „France" AND „Telecom" AND „Selbstmord"
- „France" AND „Telecom" AND „Selbsttötung"
- „France" AND „Telecom" AND „Suizid"

Anschließend wurden aus der so gefundenen Masse an Artikeln manuell diejenigen herausgesucht, die in den überregionalen deutschen Tageszeitungen, Wochenzeitungen und großen Magazinen mit allgemeiner Ausrichtung erschienen sind. Prinzipiell galten Artikel aus folgenden Medien als auszuwählen: *Financial Times Deutschland*, *Frankfurter Allgemeine Zeitung* (auch *Frankfurter Allgemeine Sonntagszeitung*), *Frankfurter Rundschau, Handelsblatt, Süddeutsche Zeitung* (inklusive dem freitäglich beigelegten SZ-Magazin), *Tageszeitung, Die Welt* (auch *Welt am Sonntag*). Allerdings ergab die Suche nicht bei allen dieser Zeitungen Treffer.

In einem zweiten Schritt wurden die Artikel gesichtet. Jeder Text wurde ausgewählt, in dem mindestens eine Aussage zum Thema *Gründe für Selbsttötungen* und *Stress am Arbeitsplatz* getätigt wurde. Die Quelle der Aussage konnte sowohl der Autor als auch etwa Akteure und Experten, Angehörige, Hinterbliebene oder andere Personen sein; auch Aussagen von nicht oder nur vage spezifizierten Quellen wurden gezählt. Auf diese Weise wurden 58 Artikel für die Inhaltsanalyse ausgewählt.

5.6 Überarbeitetes Kategoriensystem nach Sichtung der Texte

5.6.1 *Änderungen*

Die Unterpunkte 1.1.3, 1.2.3 und 2.3 *(Unterkategorien unspezifiziert, Sonstiges* für die Kategorien *Bedingungen Arbeitsplatz, Bedingungen Privatleben* sowie *Person)* wurden gestrichen, da sie nicht benötigt wurden, weil alle Erwähnungen unter negativen Vorzeichen als Stressoren oder Risikofaktoren und alle unter positiven Vorzeichen als Ressourcen gewertet wurden und daher unter den genannten Punkte keine Erwähnung fielen.

Die trennscharfe Erfassung einer Makroebene schien schwer möglich: Oft wird etwa die Streichung von Stellen mit der Wirtschaftskrise eingeleitet; nicht ersichtlich ist jedoch, ob nach der Logik des Textes die Wirtschaftskrise selbst ein Grund für Stress am Arbeitsplatz ist. In der Regel werden die Gründe nach Erwähnung der

Makroebene in den Texten konkretisiert, das heißt, es wird auf konkretere Ursachen eingegangen, die in eine oder mehrere der übrigen Kategorien passen. Die Erfassung von Erwähnungen der gesamtgesellschaftlichen Lage erschien demnach redundant, weshalb diese Kategorie gestrichen wurde.

Die Trennung zwischen Arbeitsumfeld und Arbeitsaufgabe erschien problematisch: Oft ist in den Texten nicht spezifiziert, was gemeint ist. Die Kategorien wurden deshalb zusammengelegt.

Von Bewertungsprozessen ist im untersuchten Material nicht die Rede. Ein einzelner Punkt *Bewertungsprozesse* ist für die Beantwortung der Forschungsfragen auch nicht maßgeblich; darum erschien es sinnvoll, Bewertungs- und Bewältigungsprozesse zusammenzulegen.

Gelegentlich sind Folgen und Ausgangsbedingungen wie etwa persönliche Eigenschaften schwer voneinander abzugrenzen. Dennoch wurde davon abgesehen, eine Kategorie der Stressfolgen einzuführen, denn nicht die Folgen sollten in dieser Untersuchung erfasst werden, sondern (im weiteren Sinne) die Ursachen psychischer Krankheiten. So erschien es sinnvoller, diese im Zweifel in die jeweilige Kategorie bei *Bedingung*, *Person* oder *Interaktionen* einzuordnen.

5.6.2   Kategoriensystem

1 Bedingungen
   1.1 Bedingungen *Arbeit*
      1.1.1 Stressoren (und mangelnde Ressourcen) Arbeit
      1.1.2 Ressourcen (und Abwesenheit von Stressoren) Arbeit
   1.2 Bedingungen *Privatleben*
      1.2.1 Stressoren (und mangelnde Ressourcen) Privatleben
      1.2.2 Ressourcen (und Abwesenheit von Stressoren) Privatleben

2 Person
   2.1 Personale Risikofaktoren und Ressourcen
   2.2 Bewertungs- und Bewältigungsprozesse

3 Interaktionen
   3.1 Interaktionen zwischen Person und Bedingungen
   3.2 Interaktionen zwischen Stressoren und Ressourcen

4 Andere Effekte und Erklärungen
   4.1 Nachahmereffekte
   4.2 Sonstige Effekte und Erklärungen

5 Relativierung monokausaler Zusammenhänge
   5.1 Relativierung monokausaler und verallgemeinernder Erklärungen von Selbsttötungen
   5.2 Relativierung der Wirksamkeit von Ressourcen
   5.3 Erwähnung der Vielfältigkeit potentieller Gründe von Stress und Suizid

5.7   Kategorisierungen

Im Folgenden wird dargestellt und begründet, welche Aussagen welchen Kategorien zugeordnet werden. Die gleiche Frage wird unter praktischen Gesichtspunkten auch in den Codieranweisungen (im Anhang) ausführlicher behandelt. Einige der folgenden Textstellen sind den Codieranweisungen entnommen oder ähneln diesen.

Die Selbsttötungen bei der France Télécom legen die Auswahlkritierien für die Untersuchung fest: Es wurden nur Texte ausgewählt, welche die Selbsttötungen bei dem Kommunikationsunternehmen behandeln; aus diesen Texten wurden alle Äußerungen zum Thema *psychische Gesundheit und psychische Störungen am Arbeitsplatz* kategorisiert; die Äußerungen müssen also keinen Bezug zum Thema *Suizid* oder gar zur France Télécom enthalten. Alle Textteile – so auch Äußerungen, die sich mit der Situation in anderen Unternehmen beschäftigen oder das Thema *Stress am Arbeitsplatz* ratgeberartig behandeln, wurden erfasst. Dies erschien sinnvoll, weil auch derartige Texte für die Fragen nach den Verhältnissen der Nennung unterschiedlicher Bereiche relevant sind. Eine notwendige Voraussetzung für die Kategorisierung einer Textstelle war aber der Bezug zum Arbeitsplatz. In Text 21 etwa wird ohne Bezug zu Selbsttötungen oder Stress bei der Arbeit über mögliche psychische Probleme und Risiken von Männern geschrieben. Diese Äußerungen sind im Sinne der Untersuchungsfragen nicht relevant und werden nicht gezählt: Da kein Bezug zur Arbeit hergestellt wird, würde in diesem Fall das Codieren der Erwähnung bei personalen Risikofaktoren das Ergebnis verzerren.

Die Codiereinheit nach Früh ist die Basisaussage:

> „Es wird also nicht ermittelt, welche Kategorien auf den ganzen Text bezogen und unabhängig davon, wie oft sie angesprochen sind, sondern der Text wird vielmehr Äußerung für Äußerung daraufhin geprüft, ob eine Kategorie auf die einzelne Äußerung zutrifft."[183]

Dieses Vorgehen hat den Vorteil, dass einzelne Kategorien pro Text mehrmals vorkommen können. Die Menge an Daten und somit der potentielle Erkenntnisgewinn sind so höher als mit dem gesamten Text oder dem Satz als Codiereinheit. Dieses Verfahren hat auch zur Folge, dass der gleiche Satz mehrere Aussagen enthalten kann, die gleichzeitig kategorisiert werden. Kontexteinheit nach Früh ist der gesamte Text, das heißt, aus dem ganzen Text können Kontextinformationen zum Verständnis der einzelnen Formulierungen verwendet werden.[184]

Um eine trennscharfe, reliable und valide Untersuchung zu ermöglichen, wird jede Äußerung gewertet, auch dann, wenn mehrere Äußerungen im gleichen Text einen identischen oder sehr ähnlichen Inhalt transportieren. Einzige Einschränkung, um Redundanzen zu vermeiden: Erfolgen mehrere identische Aussagen (nicht nur Aussagen, die in die gleiche Kategorie fallen) in einem Text direkt aufeinander und

---

[183] Früh (2007), S. 165.

[184] Vgl. ebd.

ist keine von ihnen Teil des Titels oder des Untertitels, so wird die Aussage nur einmal gewertet.

Um der Komplexität des Materials gerecht zu werden, erschien bei der Codierung eine Kombination aus theorie- und empiriegeleitetem Vorgehen als sinnvoll (wie auch schon bei der Schaffung der Kategorien). Wird der Bezug zu einer Kategorie im Text hergestellt, etwa wenn – hypothetisch gesprochen – von *Stress*, *Selbstmordgründen*, *Schutzfaktoren*, *Ressourcen* oder *persönlichen Verarbeitungsstilen* die Rede ist, so wird diese Textstelle als Erwähnung des jeweiligen Bereiches vermerkt (empiriegeleitet). Wird anders herum in einer Textstelle ein Phänomen erwähnt, das mittels der oben vorgestellten psychologischen Theorien oder per „Common Sense" eindeutig einer der Kategorien zuzurechnen ist, so wird auch hier die Erwähnung des jeweiligen Bereichs verzeichnet (theoriegeleitet). Entlassungen etwa werden unter 1.1.1 codiert, auch wenn kein Bezug zu Stress oder Suizidalität geknüpft wird, da die Arbeitsplatzunsicherheit ein potentieller Stressor ist.

Titel, Unterzeile sowie Kurztext vor dem Artikel („Anreißer") werden ebenfalls codiert und relevante Textstellen gesondert vermerkt, um der hervorgehobenen Position Rechnung zu tragen. Da Titel und Unterzeile in aller Regel nicht aus ganzen Sätzen bestehen und naturgemäß knapp sind, ist in diesen Fällen bei der Codierung etwas mehr Kontextualisierung erwünscht als in den Artikeln.

Bedingungen

In diese Kategorie fallen die nützlichen und schädlichen Faktoren aus Arbeit wie Privatleben. Letzteres bedeutet in dieser Untersuchung: alles, was nicht Arbeit ist. Mangelnde Ressourcen und Stressoren bilden die gleiche Kategorie. Nicht existente, abgeschaffte oder abzuschaffende Stressoren werden anders herum den Ressourcen zugerechnet. Diese Betrachtungsweise legt Hobfoll in seiner Theorie der *Conservation of Resources* nahe.[185] Wichtiger noch: Sie empfiehlt sich zur Beantwortung der Forschungsfrage. Wenn etwa von Maßnahmen der France Télécom zur Unterbrechung der Selbsttötungsserie die Rede ist, so geht es oft um Maßnahmen, die vorhandene Stressoren beseitigen oder vermindern. Im Sinne des Forschungsinteresses dieser Arbeit haben derartige Beseitigungen eines Stressors aber mehr mit der Schaffung von Ressourcen gemein als etwa mit einem neu in Erscheinung tretenden Stressor.

Für die Zuordnung der Stressoren und Ressourcen zu *Arbeit* beziehungsweise *Privatleben* ist entscheidend, aus welcher Sphäre sie stammen, und nicht, auf welche Sphäre oder Sphären sie sich auswirken. Damit wird die – implizite – Betrachtungsweise aller im Theorieteil genannten Modelle übernommen.

Geplante Maßnahmen auf der Ressourcen- und befürchtete Effekte auf der Stressorenseite werden ebenfalls codiert. Dagegen spräche zwar, dass es sich um eventuelle Geschehnisse aus der Zukunft handelt, ausschlaggebend ist aber wohl das

---

[185] Hobfoll (1989).

Argument, dass viele der Ressourcen auf Arbeitsebene erst nach den Selbsttötungen geplant und insofern oft zum Zeitpunkt des Erscheinens der Artikel noch nicht realisiert wurden; dennoch handelt es sich um Ressourcen, über die berichtet wird. Sie nicht zu zählen, würde heißen, eine Verzerrung des Ergebnisses zugunsten der Stressoren in Kauf zu nehmen.

Eine Äußerung, die eindeutig den Bedingungen (am Arbeitsplatz) zuzuordnen ist, ist etwa diese aus Artikel 3 (auf die Tabelle zu Artikel 3 kann im OnlinePLUS-Programm unter www.springer-vs.de/Buch/978-3-531-19848-4/Psychologische-Erkenntnisse-in-Tageszeitungen.html zurückgegriffen werden): „Den schweren Konkurrenzdruck streitet dabei niemand ab." (Kategorisiert unter 1.1.1 *Stressoren Arbeit* – Quelle: Autor.)

Person

In diesen Bereich fallen sowohl die personalen Ressourcen und Risikofaktoren als auch die intrapersonalen Bewertungs- und Bewältigungsprozesse. Zwischen Ressourcen und Risikofaktoren wird nicht getrennt, da dies für die Beantwortung der Untersuchungsfragen nicht wichtig ist. Relevant ist, ob und wie oft der Bereich der Person insgesamt und wie oft er im Verhältnis zu den Bedingungen sowie den anderen Bereichen genannt wird. Als Erwähnung des Bereichs *Person* wird etwa folgende Textstelle aus Artikel 31 (auf die Tabelle zu Artikel 31 kann im OnlinePLUS-Programm unter www.springer-vs.de/Buch/978-3-531-19848-4/Psychologische-Erkenntnisse-in-Tageszeitungen.html zurückgegriffen werden) gezählt:

> Auch wenn die permanente Opposition zum Bestehenden die eigene Psyche sicher nicht unbeschadet zurücklässt, ist eine gehörige Portion Grundskepsis an den Imperativen des Kapitals am Ende vielleicht doch gesünder für Leib und Leben.

Als relevante Aussage wurde hier „Grundskepsis an den Arbeitsbedingungen und – Zielen kann das Individuum schützen" vermerkt. Sie wird dem Bereich 2.1, Personale Risikofaktoren und Ressourcen, zugerechnet.

Interaktionen

Die Interaktionen bildeten die vielleicht am schwersten abzugrenzende Kategorie der Untersuchung. In ihr sollen Äußerungen verzeichnet werden, die den Wechselwirkungen zum einen zwischen Individuums- und Bedingungsebene, zum anderen zwischen Stressoren und Ressourcen Rechnung tragen. Interaktionen zwischen Personen und Bedingungen sowie zwischen Stressoren und Ressourcen müssen explizit aufgeführt werden, um gezählt zu werden. Eine reine Vermutung des Codierers, von der erwähnten Textstelle lasse sich auf das Vorhandensein derartiger Interaktionen schließen, rechtfertigt noch keine Kategorisierung. Folgende Textstelle aus Artikel 20 (auf die Tabelle zu Artikel 20 kann im OnlinePLUS-Programm unter www.springer-vs.de/Buch/978-3-531-19848-4/Psychologische-Erkenntnisse-in-Tageszeitungen.html zurückgegriffen werden) wird beispielsweise nicht als Interaktion verzeichnet, auch wenn vermutet werden kann, dass die Äußerung eine Wechselwirkung von Person und Bedingungen bezeichnet:

> Als Beleg führen sie eine Studie aus dem Jahr 2008 an, wonach sich zwei Drittel der Mitarbeiter für „gestresst" halten und 15 Prozent „unter Stress leiden".

Das Gleiche gilt für ähnliche Formulierungen, wie etwa „der Mitarbeiter fühlte sich überlastet". Der Bezug zum Thema *Interaktionen* ist in solchen Wendungen zu schwach und vor allem zu implizit, um eine Verzeichnung sinnvoll zu machen. Auch die Erwähnung von Mobbingfällen im Betrieb wird nicht als Interaktion, sondern als *Stressor Arbeit* (1.1.1) verzeichnet.

Diese Festlegungen ergaben sich aus den Untersuchungsfragen. Registriert werden sollte durch die Kategorie, ob derartige Interaktionen von Journalisten an das Publikum vermittelt werden. Dies würde aber nur geschehen, wenn diese explizit angesprochen werden. In den zitierten und genannten Äußerungen lassen sich wohl noch keine klaren Hinweise auf Interaktionen (in diesem Fall zwischen Personen und Bedingungen) erkennen.

Diese Formulierung aus Artikel 51 (auf die Tabelle zu Artikel 51 kann im OnlinePLUS-Programm unter www.springer-vs.de/Buch/978-3-531-19848-4/Psycho logische-Erkenntnisse-in-Tageszeitungen.html zurückgegriffen werden) ist ein Beispiel für eine Textstelle, aus der drei Aussagen extrahiert werden, die als Erwähnung einer Interaktion gezählt werden:

> Er fühlte sich unter Druck, allein gelassen und den Anforderungen nicht gewachsen.

Hier wird tatsächlich die Beziehung zwischen der Person und den Gegebenheiten betont, und zwar – da sich, wie nach Früh[186] beschrieben, Mehrfachnennungen nicht ausschließen – dreifach: „Der Mitarbeiter fühlte sich unter Druck gesetzt"; „Der Mitarbeiter fühlte sich allein gelassen" sowie „Der Mitarbeiter fühlte sich den Anforderungen nicht gewachsen".

Andere Effekte und Erklärungen

In diese Mischkategorie fallen alle anderen als die in die genannten drei Bereiche fallenden Erklärungen für psychische Störungen, Stress oder Selbsttötungen, die einen direkten oder indirekten Bezug zum Thema *Arbeit* aufweisen. Die Erklärung durch den Nachahmereffekt, nach der Selbsttötungen weitere Selbsttötungen bei weiteren von großem Leidensdruck betroffenen Personen auslösen, bekommt eine eigene Kategorie, weil sie relativ häufig vorkommt und sich als psychologische Theorie von den anderen Erklärungen unterscheidet (4.1).

In Kategorie 4.2 (sonstige Effekte und Erklärungen) fallen alle anderen Kausalattributionen zum Thema *psychische Störungen*, *Stress* und *Suizid*, jeweils mit Bezug

---

[186] Früh (2007), S. 165.

zum Arbeitsplatz. Diese übrigen Erklärungen sind zum Teil kaum wissenschaftlich inspiriert, wie etwa die Erklärung des früheren FT-Chefs Didier Lombard, nach der es sich bei den Selbsttötungen um eine „Mode" handle (siehe etwa Artikel 27, auf die Tabelle zu Artikel 27 kann im OnlinePLUS-Programm unter www.springer-vs.de/ Buch/978-3-531-19848-4/Psychologische-Erkenntnisse-in-Tageszeitungen.html zurückgegriffen werden). Auch diese Attributionen werden codiert. Hier wird, wie auch bei den anderen Kategorien *Bedingung*, *Person* und *Interaktionen*, nicht zwischen wissenschaftlichen und unwissenschaftlichen oder plausiblen und unplausiblen Erklärungen unterschieden, sonder allein die Erwähnung zählt.

Andere der übrigen Erklärungen argumentieren auf einer weder be- noch widerlegbaren, eher philosophischen Ebene, wie etwa in dieser Textstelle in Artikel 25:

> In letzter Zeit wird die französische Öffentlichkeit mit einer verstörenden Form des Protests konfrontiert, die Politiker und Firmenchefs in immer größere Verlegenheit bringt. Die Berichte über Selbsttötungen am Arbeitsplatz reißen nicht ab.

Als relevante Äußerung wurde hier „die Selbsttötungen am Arbeitsplatz in Frankreich sind eine Form des Protests" extrahiert (Quelle: Autor; Bereich: 4.2).

Relativierung monokausaler Zusammenhänge

Für Stress am Arbeitsplatz sowie Suizid mit Bezug zum Arbeitsplatz gilt gleichermaßen, dass monokausale Erklärungen dem Ursachengeflecht in aller Regel nicht gerecht werden. Dieser Tatsache tragen die oben umrissenen Stressmodelle ebenso Rechnung wie auch Arbeiten zum Thema *Suizid*.[187] Ob diese Betonung der Komplexität möglicher Gründe von Selbsttötungen und Selbsttötungsversuchen sowie die Relativierung monokausaler Zusammenhänge auch in journalistischen Artikeln vorgenommen wird und wie häufig, soll mithilfe der in der Überschrift formulierten Kategorie überprüft werden. Dabei wird zwischen der Relativierung monokausaler und verallgemeinernder Erklärungen von Selbsttötungen, der Relativierung der Wirksamkeit von Ressourcen und der Erwähnung der Vielfältigkeit potentieller Gründe von Stress, psychischen Störungen und Suizid unterschieden. Eine reine Nennung mehrerer möglicher Gründe gilt noch nicht als Betonung von deren Vielfältigkeit. Codierungswürdig sind dagegen Passagen wie diese aus Artikel 40 (auf die Tabelle zu Artikel 40 kann im OnlinePLUS-Programm unter www.springer-vs.de/Buch/ 978-3-531-19848-4/Psychologische-Erkenntnisse-in-Tageszeitungen.html zurückgegriffen werden):

> Auf Arbeitgeberseite heißt es, dass die Gewerkschaften allzu leichtfertig die Unternehmen für verantwortlich erklärten.

Hier wird die Aussage „die Gewerkschaften erklären zu leichtfertig die Unternehmen für Selbsttötungen verantwortlich" extrahiert, als Quelle wird „Arbeitgeber

---

[187] Vgl. Bertolote et al. (2004), Leonard (2005).

(Akteur)" verzeichnet. Die Aussage wird dem Punkt 5.1 (Relativierung monokausaler und verallgemeinernder Erklärungen) zugerechnet.

Quelle

Als Quelle vermerkt wird diejenige Person, Gruppe oder Institution, der die Aussage zugeschrieben wird. Das kann eine namentlich genannte Person sein, eine nicht weiter bezeichnete Gruppe („Experten", „Psychologen"), eine Institution (Firma, Gewerkschaft) usw. Es soll dabei so tief wie möglich zur Original-Quelle vorgedrungen werden. Um zu bewerten, welcher Quelle die Aussage zugeschrieben wird, wird auch die kontextuelle Information verwendet.

Die Unterteilung zwischen Experten und Akteure ergibt sich nicht immer von selbst: So sind etwa Forschungsinstitute oft arbeitnehmer- oder arbeitgebernah und unter Umständen von der einen oder anderen Seite finanziert. Wesentlich für die Beantwortung der Forschungsfrage ist aber mehr die Realität des jeweiligen Textes als die Realität der Außenwelt. Wissenschaftler und Forscher werden also dann als Experten gewertet, weil sie in aller Regel als solche präsentiert werden (manchmal auch direkt in der Formulierung, beispielsweise „Die Technologia-Experten haben die Verantwortlichen ausgemacht", Artikel 13). Als Akteure werden also lediglich die unmittelbar und qua Amt ins Geschehen Involvierten gewertet. Auch Betroffene, etwa die Opfer der Selbsttötungen, deren Abschiedsbriefe in Texten wiedergegeben werden, gelten als Akteure, da sie in das Geschehen eingebunden sind oder waren.

Die Quellen der Aussagen sind für die Auswertung der Ergebnisse relevant: Ist die Quelle ein Akteur (etwa Firma, Gewerkschaft), der selbst in das Geschehen verwickelt ist, so relativiert dies die Erwähnung des jeweiligen Bereichs. Ist die Quelle ein Experte oder der Autor, so wiegt die Erwähnung schwerer.

6   Ergebnisse

6.1   Vorstellung der Ergebnisse:
Erwähnung der Bereiche in den 58 untersuchten Artikeln

Im Folgenden wird zunächst rein quantitativ dargestellt, wie oft Nennungen der Bereiche des Kategoriensystems – *Bedingungen, Person, Interaktionen, andere Effekte und Erklärungen* sowie *Relativierung monokausaler Zusammenhänge* und die dazugehörigen Unterkategorien – in den 58 Texten insgesamt gefunden wurden. Neben der Anzahl der Erwähnungen wird auch gezeigt, wie viele Texte die Erwähnungen jeweils enthalten: Konzentrieren sich alle Erwähnungen auf nur wenige Texte oder wird in vielen Texten vom jeweiligen Bereich geschrieben? Die vierte Spalte von links zählt die in Titel oder Untertitel hervorgehobenen Erwähnungen. Die vorletzte Spalte verzeichnet die Quellen der Erwähnungen, unterteilt in Autor (des Textes), Experte (wie etwa Wissenschaftler) und Akteur (wie Betroffener oder Arbeitgeber-/ Arbeitnehmervertreter). Zuletzt werden für die hervorgehobenen Erwähnungen erneut die Verteilungen der Quellen dargestellt.

1 Bedingungen

Bereich	Erwäh-nungen	Texte mit Erwäh-nungen	hervorgeho-bene Erwäh-nungen	Quellen Erw. (Autor/ Experte/ Akteur)	Quellen Erw. hervorg.
1 insgesamt	615	57	34	215/44/356	28/2/3
1.1 Bed. Arbeit	608	55	34	213/38/356	28/2/3
1.1.1 Stress. Arbeit	408	52	20	143/32/234	16/2/2
1.1.2 Ress. Arbeit	200	46	13	71/12/123	12/0/1
1.2 Bed. Privat	7	4	0	1/5/1	–
1.2.1 Stress. Priv.	5	4	0	1/3/1	–
1.2.2 Ress. Priv.	2	1	0	0/2/0	–

2 Personen

Bereich	Erwäh-nungen	Texte mit Erwäh-nungen	hervorgeho-bene Erwäh-nungen	Quellen Erw. (Autor/ Experte/ Akteur)	Quellen Erw. hervorg.
2 insgesamt	26	11	0	10/14/2	–
2.1 Personale, Risikofakt. & Ressourcen	19	11	0	8/9/2	–
2.2 Bewertung & Bewältigung	7	4	0	2/5/0	–

3 Interaktionen

Bereich	Erwäh-nungen	Texte mit Erwäh-nungen	hervorgeho-bene Erwäh-nungen	Quellen Erw. (Autor/ Experte/ Akteur)	Quellen Erw. hervorg.
3 insgesamt	28	15	0	9/10/9	–
3.1 Personen – Bed.	28	15	0	9/10/9	–
3.2 Stressoren/ Ressourcen	0	0	0	–	–

4 Andere Effekte und Erklärungen

Bereich	Erwäh-nungen	Texte mit Erwäh-nungen	hervorgeho-bene Erwäh-nungen	Quellen Erw. (Autor/ Experte/ Akteur)	Quellen Erw. hervorg.
4 insgesamt	37	15	3	11/8/18	3/0/0
4.1 Nachahmer-effekte	14	6	3	6/7/1	3/0/0
4.2 Sonstige	23	14	0	5/1/17	–

5 Relativierung monokausaler Zusammenhänge

Bereich	Erwäh-nungen	Texte mit Erwäh-nungen	hervorgeho-bene Erwäh-nungen	Quellen Erw. (Autor/ Experte/ Akteur)	Quellen Erw. hervorg.
5 insgesamt	31	12	0	16/6/9	–
5.1 Relativierung monok. Erkl.	23	14	0	12/5/6	–
5.2 Relativierung Ressourcen	1	1	0	0/1/0	–
5.3 Erwähnung Vielfältigkeit	7	6	0	4/0/3	–

6.2   Auswertung der Ergebnisse im Hinblick auf die Untersuchungsfragen

Zunächst werden die wichtigsten Ergebnisse, nämlich die Zahlen der Erwähnungen nach Bereichen, knapp vorgestellt und anschließend die vor der Untersuchung gestellten Fragen beantwortet. Danach wird näher auf Aspekte eingegangen, die nicht direkt zu den Antworten auf die Fragen beitragen.

Frage 1: Werden in den 58 Artikeln alle Bereiche (Bedingungen, Person, Interaktionen) genannt? Wie oft jeweils?

In den 58 ausgewählten Artikeln wird sowohl die Bedingungsebene als auch die der Person sowie die der Interaktionen genannt. Die Bedingungen werden in 57 Artikeln 615-mal erwähnt, die Ebene der Person in elf Artikeln 26-mal, Interaktionen werden in 15 Texten 28-mal erwähnt.

Frage 2: Gibt es eine oder mehrere Unterkategorien, die besonders häufig erwähnt werden?

Als auffälligstes Ergebnis der Inhaltsanalyse lässt sich ein starkes Übergewicht zugunsten der negativen Bedingungen am Arbeitsplatz feststellen (408 Erwähnungen). Dieses Verhältnis ergibt sich zunächst im Vergleich zur Schwesterkategorie, den positiven Bedingungen am Arbeitsplatz (200 Erwähnungen).

Noch stärker ist der Kontrast im Vergleich zum Bereich der Person (26 Erwähnungen), den Interaktionen (28 Erwähnungen) sowie der Sammelkategorie *andere Effekte und Erklärungen* (37 Erwähnungen). Der Eindruck wird dadurch verstärkt, dass die negativen Bedingungen am Arbeitsplatz in 52 von 58 Artikeln vorkommen (mehr als jede andere Kategorie) und in 20 Texten hervorgehoben werden (ebenfalls mehr als jede andere Kategorie). Die positiven und negativen Arbeitsbedingungen zusammengenommen kommen auf 608 Nennungen, alle anderen Bereiche werden insgesamt 129-mal genannt. Die Arbeitsbedingungen dominieren also klar.

Frage 3: Wie oft werden die Bereiche *Bedingungen* und *Person* im Vergleich zueinander genannt?

615 Erwähnungen der Bedingungen (Arbeitsbedingungen und Bedingungen im Privaten zusammengezählt) stehen 26 Erwähnungen auf Personenebene gegenüber (personale Risikofaktoren und Ressourcen sowie Bewertungs- und Bewältigungsprozesse). Eine Häufung von Erwähnungen der Bedingungen in nur wenigen Artikeln liegt nicht vor: Die Bedingungen werden außer einem in allen Texten angesprochen. Die Personen-Ebene wird in elf Texten erwähnt, auch wird sie nie hervorgehoben erwähnt, die Bedingungs-Ebene dagegen 34-mal.

Wird die Personenebene doch hervorgehoben, dann oft in längeren Artikeln mit Schwerpunkt auf individualpsychologischen Vorgängen, wie etwa „Wenn die Arbeit krank macht" aus der *Frankfurter Allgemeinen Zeitung* (Artikel 9):

Die Persönlichkeit des Mitarbeiters und die Kultur des Unternehmens entscheiden maßgeblich darüber, wie resistent Arbeitnehmer gegen psychische Belastungen sind, beobachten Psychologen und Ärzte.

Ob dieses Übergewichts kann festgestellt werden, dass in der Arbeitspsychologie die Bereiche *Person* und *Bedingungen* zwar zu einem gewissen Grad als gleichberechtigt betrachtet werden – und zwar in dem Sinne, dass keiner der Bereiche ohne den anderen existieren und wirken könnte –, dass die journalistische Berichterstattung diese Betrachtungsweise jedoch offenbar nicht teilt beziehungsweise damit nicht kompatibel ist.

Ein ähnliches Verhältnis wie im Vergleich zur personalen Ebene ergibt sich, wenn die Häufigkeit der Erwähnung der Bedingungen mit der Häufigkeit der Erwähnung von Interaktionen (28 Erwähnungen in 15 Texten) verglichen wird. Auch die Interaktionen werden nie hervorgehoben behandelt. Innerhalb der Bedingungen werden vor allem die Arbeitsbedingungen erwähnt, und dort vor allem die Stressoren und Abwesenheit von Ressourcen.

Das Übergewicht zugunsten der Bedingungen ist weit höher als zu erwarten war. Dass sie nicht nur von den Erwähnungen überhaupt, sondern auch von den in Titel, Untertitel, Bildunterschrift und Zitaten hervorgehobenen Erwähnungen das Gros stellen (34 von 37 insgesamt), lässt vermuten, dass die Arbeitsbedingungen oft gleichzeitig als Einstieg in den Text, als Anknüpfungspunkt für den die Zeitung überfliegenden Leser sowie als Hauptthema des Textes dienen.

Frage 4: Wie viel Beachtung bekommen in den untersuchten Artikeln die *Arbeitsbedingungen*, wie viel im Verhältnis dazu die *Bedingungen im Privatleben*?

Vor der Untersuchung wurde folgende Verteilung in Erwägung gezogen, siehe Punkt 5.4:

> Da die Selbsttötungswellen in den Firmen den Anlass des Artikels bildet, werden im Vergleich zur Personen-Ebene die Bedingungen und im Vergleich zu den Bedingungen im Privatleben die Arbeitsbedingungen in den Vordergrund gestellt.

In der Antwort auf die vorige Frage wurde erläutert, dass der erste Teil des Satzes zutrifft. Der zweite Teil ebenso: Es werden unter den Bedingungen die Arbeitsbedingungen weit öfter genannt als die Bedingungen im Privatleben (608-mal in 55 Texten zu siebenmal in vier Texten). Die Bedingungen am Arbeitsplatz werden insgesamt 34-mal in hervorgehobener Position erwähnt. 21 der Erwähnungen behandeln Stressoren und mangelnde Ressourcen, etwa in der Unterzeile von Artikel 13: „Studie: Suizide bei France Télécom hängen mit Führungsschwäche zusammen". 13 hervorgehobene Erwähnungen behandeln Ressourcen und nicht existente, abgeschaffte oder abzuschaffende Stressoren. Die Bedingungen im Privatleben werden dagegen kein einziges Mal hervorgehoben erwähnt.

Zu vermuten ist, wie bei der Formulierung der Fragen angedeutet, dass die Hervorhebung der Bedingungen am Arbeitsplatz der Sensationalisierung des Themas dient: Die Selbsttötungen sind am Arbeitsplatz erfolgt; insofern ist es einer einfachen und klaren Kausalkette zuträglicher, in erster Linie die Arbeitsbedingungen zu thematisieren, als die Ausführungen über sie mit Betonungen der Relevanz des Privatlebens (auch wenn diese Relevanz zweifellos besteht) oder Erwähnungen etwa der intrapersonalen Ebene zu ergänzen.

Frage 5: Wie viel Beachtung finden auf Bedingungsebene die Stressoren verglichen mit den Ressourcen?

Wie bereits als Möglichkeit eruiert, werden die Stressoren sowohl im Bereich *Arbeit* als auch im Bereich *Privatleben* weit öfter thematisiert als die Ressourcen: Im Bereich *Arbeit* stehen in 52 Texten 408 Erwähnungen von Stressoren (wie unfreiwillige Versetzungen in andere Städte, Zeit- und Leistungsdruck, Mobbing oder auch Unterforderung) 200 Erwähnungen von Ressourcen in 46 Texten gegenüber. Die Verteilung entspricht damit in etwa einem Verhältnis von 2:1. Das etwa gleiche Verhältnis bei einem viel kleineren Aufkommen zeigt sich im Bereich *Privatleben*, wo fünfmal von Stressoren (in vier Texten) und zweimal von Ressourcen (in einem Text) die Rede ist. Auch werden die Ressourcen proportional häufiger von Akteuren erwähnt als die Stressoren: 123 der 200 Äußerungen, in denen Ressourcen erwähnt werden, stammen von Akteuren – bei den Stressoren sind es 234 von 408. Diese Lücke unterstreicht, dass die Stressoren im Vergleich zu den Ressourcen stärker betont werden. Eine Erwähnung durch einen Akteur wiegt in einem Artikel in aller Regel weniger als die durch einen Experten oder Autor; ihr Subtext ist weniger: „Ich, als vertrauenswürdiger und kompetenter Journalist sage es" (Autor) oder „Leute, die es wissen müssen, sagen es" (Experte), sondern mehr: „Leute, die selbst am Geschehen beteiligt sind und unmittelbare Eigeninteressen haben, sagen es." Eine Aussage durch einen Akteur ist also per se eine partielle.

In Titeln, Unterzeilen, Dachzeilen, Bildunterschriften und Zitaten werden 20-mal die Stressoren am Arbeitsplatz und 13-mal die Ressourcen am Arbeitsplatz erwähnt. Betrachtet man die Relation der betonten Aussagen zu den Aussagen insgesamt, werden also die Ressourcen am Arbeitsplatz sogar öfter betont als die Stressoren – ein Ergebnis, das im Widerspruch zu den anderen Zahlen steht. Die Ressourcen werden im Verlauf der Themenkarriere eher zu mittleren und späteren Zeitpunkten in den Vordergrund gestellt – zu Beginn ist der Aufhänger noch meist die Selbsttötungswelle selbst oder das postulierte schlechte Betriebsklima, später aber geht es eher um Gegenmaßnahmen, die die France Télécom plant oder die ihr von der Regierung verordnet werden, oder auch um den neuen Vorstandsvorsitzenden, der Ressourcen schaffen will. Im Zuge dessen werden vor allem geforderte und geplante Ressourcen sowie die geforderte und geplante Beseitigung von Stressoren (im verwendeten Kategoriensystem bilden diese beiden Aspekte zusammen wie erwähnt eine Kategorie) als Aufhänger benutzt (siehe etwa Artikel 47, 48, 51, 53; auf die Tabellen dazu kann im OnlinePLUS-Programm unter www.springer-vs.de/Buch/978-3-531-19848-4/Psychologische-Erkenntnisse-in-Tageszeitungen.html zugegriffen werden).

In absoluten Zahlen gilt auch bezüglich der Hervorhebungen (und noch mehr bezüglich der Erwähnungen insgesamt), dass die Stressoren und Risikofaktoren öfter
vorkommen als die Ressourcen. Es scheint sich hier zu bestätigen, dass Journalisten in
der Regel nach dem Besonderen suchen, nach dem Problem. Dazu kommt, wie schon
oben erklärt: Das im Artikel behandelte Ereignis ist schon durch die Selektionskriterien der Inhaltsanalyse ein negatives. Da Journalisten komplexe Zusammenhänge
in der Regel vereinfachen, ist zu erwarten, dass sie dieses negative Ereignis öfter mit
schädlichen als mit schützenden Einflüssen erklären (siehe Diskussion).

**Frage 6: Wie oft ist auf Personen-Ebene von Risikofaktoren und Ressourcen,
wie oft von Bewertungs- und Bewältigungsprozessen die Rede?**

Die Personen-Ebene kommt im Vergleich zu den Bedingungen relativ selten zur
Sprache. Die 26 Erwähnungen in elf Artikeln verteilen sich folgendermaßen: 19 Erwähnungen von Risikofaktoren und Ressourcen in elf Texten stehen sieben Erwähnungen von Bewertungs- und Bewältigungsprozessen in vier Texten gegenüber.
Von den schädlichen oder nützlichen Voraussetzungen der Menschen im Umgang
mit belastenden Umweltfaktoren (in Artikel 9 wird beispielsweise die Stressresis-
tenz genannt) ist also deutlich häufiger die Rede als von den intrapersonalen Mechanismen, Herausforderungen zu bewerten und mit Stress und Problemen umzugehen
(hier wird etwa sozialer Austausch genannt, siehe Artikel 21). Den Eindruck einer
schwächeren Präsenz der Bewertungs- und Bewältigungsprozesse unterstreicht,
dass diese in keinem Text vorkommen, ohne dass auch von Risikofaktoren und
Ressourcen die Rede ist.

Eine Interpretation dieses Ergebnisses ist, dass die Journalisten eine im Vergleich zur Wissenschaft weniger komplexe Narration des Phänomens *Selbsttötung
am Arbeitsplatz* mit einer vereinfachten Kausalkette bezüglich der Gründe vermitteln. Stressoren, Risikofaktoren und (fehlende) Ressourcen erklären die Selbsttötungen prägnanter und einfacher als (gerade im Falle der Bewertungsprozesse trockene
und nicht ohne den notwendigen Platz und die notwendige Sachkenntnis auf Auto-
renseite vermittelbare) Vermutungen über intraindividuelle Prozesse. Dass fünf der
sieben Erwähnungen von Bewertungs- und Bewältigungsprozessen von Experten
stammen (bei den personalen Risikofaktoren und Ressourcen sind es dagegen nur
neun von 19), spricht für diese Vermutung: Möglicherweise halten die Journalisten
derartiges psychologisches Hintergrundwissen für zu komplex, um eine eigene Aussage zu wagen, und halten sich lieber an die Leute vom Fach.

6.3   Weitere Ergebnisse

6.3.1   Bedingungen

Die Erwähnungen des insgesamt dominierenden Bereichs der Bedingungen am
Arbeitsplatz (1.1) werden besonders häufig von Akteuren vorgenommen: 356 der

608 Erwähnungen gehen auf Arbeitnehmer- und Arbeitgebervertreter, Mitarbeiter, Angehörige oder den ebenfalls als Akteur klassifizierten französischen Staat zurück. Viele Beispiele gibt es im Bereich 1.1 für Äußerungen, in denen Akteure auf Arbeitnehmerseite die Arbeitsbedingungen bemängeln oder Selbsttötungen auf Arbeitsbedingungen zurückführen (Äußerungen, die unter Punkt 1.1.1 fallen), so wie in diesem Satz in Artikel 1:

> Dabei hinterließ auch diesmal wieder ein Mitarbeiter einen Abschiedsbrief. In dem klagt der Mann darüber, dass ihm die Arbeit zu viel würde. Die Arbeitszeiten hatten sich geändert und er war von Straßburg in den Vorort Schiltigheim versetzt worden. Dadurch, so steht es in dem von der Gewerkschaft Sud-PTT zitierten Brief, hätten sich die Arbeitsbedingungen maßgeblich verschlechtert.

Auch wenn von Ressourcen und abzuschaffenden oder nicht existenten Stressoren am Arbeitsplatz die Rede ist, werden besonders häufig Akteure direkt oder indirekt zitiert; 123 von 200 Erwähnungen gehen auf diese Gruppe zurück. Häufig geschieht dies, indem Arbeitnehmervertreter wie etwa Gewerkschaftssprecher nötige Veränderungen zum Besseren am Arbeitsplatz anmahnen oder indem Konzernchefs diese Veränderungen in Aussicht stellen.

Von den insgesamt eher seltenen Bedingungen im Privatleben werden dagegen die meisten, nämlich fünf von sieben, von Experten getätigt. Akteure kommen hier nicht zu Wort. Die Aussagen der Experten dienen augenscheinlich oft in Artikeln mit psychologisch-ratgeberhafter Ausrichtung dazu, das Wissen des Lesers über die möglichen Hintergründe von Selbsttötungen um den Bereich des Privatlebens zu ergänzen – gut zu erkennen in Artikel 9.

6.3.2 Person

Im Hinblick auf den Bereich der Person (Bereich 2) kommen als Quelle – ähnlich wie bei den eben vorgestellten Bedingungen im Privatleben – vor allem Experten zu Wort – auch wenn in diesem Bereich, der personale Risikofaktoren und Ressourcen sowie Bewertungs- und Bewältigungsprozesse erfasst, der Kontrast nicht so drastisch ist. Von 26 Erwähnungen werden 14 von Experten und Unbeteiligten, wie etwa Professoren, Instituten und Journalisten, getätigt. Zehn der Erwähnungen des Bereichs 2 werden durch den jeweiligen Autor des Artikels vorgenommen, zwei durch Akteure. Auch diese Äußerungen von Experten (die gelegentlich namentlich genannt werden), erfolgen häufig in Artikeln mit Ratgebercharakter und einem weniger politischen oder wirtschaftlichen und mehr individualpsychologischen Fokus. Die Thematisierungen der Personenebene finden häufig dann statt, wenn etwa die Arbeitsbedingungen schon ausführlich behandelt worden sind. So erscheint auch dieser unter 2.1 codierte Satz eher spät in Artikel 9:

> Die Persönlichkeit des Mitarbeiters und die Kultur des Unternehmens entscheiden maßgeblich darüber, wie resistent Arbeitnehmer gegen psychische Belastungen sind, beobachten Psychologen und Ärzte.

6.3.3   Interaktionen

Unter 5.9 wurde bereits das entscheidende Kriterium für die Kategorisierung einer Aussage als Interaktion genannt: Sie muss die Seite des Individuums ebenso in den Vordergrund rücken wie die Seite der Bedingungen. Folgender Satz aus Artikel 8 wird auch unter 3.1 kategorisiert (Näheres siehe Anhang):

> Als Extrembeispiel – allerdings mit vielen Besonderheiten – gilt die Selbstmordserie bei France Télécom. Dort stießen harte Managementmethoden mit automatischen Versetzungsplänen und rigiden Anforderungen der Zielerfüllung auf eine Belegschaft, die aufgrund ihres Beamtenstatus zum Teil unkündbar und noch die Zeiten des Monopolbetriebs gewohnt ist.

Es wurden insgesamt 28 Erwähnungen von Interaktionen verzeichnet, und zwar lediglich zu den Interaktionen zwischen Individuum und Bedingungen (3.1); die Betonung von Wechselwirkungen zwischen Stressoren und Ressourcen wurde nicht verzeichnet.

In diesem Bereich wäre, analog zu den Bereichen *Bedingungen Privatleben* sowie *Person*, ein derartiges Übergewicht der Experten unter den Quellen ebenfalls gut denkbar – schließlich handelt es sich um einen eher komplexen Aspekt der möglichen Berichterstattung. Ein Übergewicht in die eine oder andere Richtung besteht hier jedoch hinsichtlich der Quellen nicht: Von 28 Erwähnungen der Interaktionen zwischen Personen und Bedingungen (Interaktionen zwischen Stressoren und Ressourcen wurden nicht verzeichnet) werden neun vom jeweiligen Autor getätigt, zehn von einem Experten oder einer Gruppe von Experten beziehungsweise Außenstehenden und neun von einem Akteur oder einer ins Geschehen involvierten Institution.

Auch hier sind die Aussagen der Experten und des Autors oft geeignet, das Bild des Lesers von den Gründen der Selbsttötungen weiter zu differenzieren, nachdem weiter vorne im Text oft schon etwa auf Stressoren und Ressourcen am Arbeitsplatz hingewiesen wurde. Anders als bei den diskutierten Bereichen *Person* und *Bedingungen* werden die Interaktionen allerdings keinesfalls immer aus der psychologischen Perspektive beschrieben. Es scheint, als handle es sich hier um einen Bereich, der auch den Vertretern anderer Fachrichtungen offen steht, denn neben psychologischen Interpretationen finden hier oft eher luftig-metaphorische und letztlich weder be- noch widerlegbare Erklärungen ihren Platz. So wird in Artikel 46 („Eine Frage der Ehre" / *Süddeutsche Zeitung*, Wirtschaft; auf die Tabelle zu diesem Artikel kann im OnlinePLUS-Programm unter www.springer-vs.de/Buch/978-3-531-19848-4/Psychologische-Erkenntnisse-in-Tageszeitungen.html zugegriffen werden) der Kommunikationswissenschaftler Christoph Barmeyer zitiert; diese Textstelle wurde ebenfalls unter Interaktionen zwischen Personen und Bedingungen (3.1.1) verzeichnet:

> „In Situationen, in denen Franzosen ihre Ehre verlieren, reagieren sie irrational", sagt Professor Barmeyer. In dem neuen anglo-amerikanischen Business-System ist eine ehrenvolle Haltung aber nicht mehr möglich.

6.3.4   Andere Effekte und Erklärungen

Die Sammelkategorie *Andere Effekte und Erklärungen* (Bereich 4) ist hinsichtlich der Quellenlage zusammengenommen relativ ausgeglichen: Von 37 Erwähnungen anderer als in den Bereichen 1 bis 4 vorgesehener Erklärungen werden elf durch den Autor getätigt, acht durch einen Experten, eine Expertin oder eine Expertengruppe und 18 durch Akteure.

Differenziert man jedoch nach den beiden Unterkategorien, zeigt sich ein weniger ausgeglichenes Bild: Von 14 Erwähnungen der Nachahmereffekte (4.1) werden sechs durch den Autor getätigt, sieben durch Experten oder Außenstehende und lediglich eine durch einen Akteur. Sonstige Effekte und Erklärungen (4.2) – in diese Kategorie fallen alle Ursachenzuschreibungen zu Suizid, Stress und psychischen Störungen mit Bezug zur Arbeit und auch Alltagstheorien zum Suizid, wie auch der Ausspruch des ehemaligen Geschäftsführers der France Télécom, Didier Lombard, es handle sich hier um eine „Mode" – werden dagegen fünfmal vom Autor, nur einmal von einem Experten und ganze 17-mal von Akteuren getätigt.

Die meisten der sieben Experten, die als Quellen für die Erwähnung der Nachahmereffekte verzeichnet wurden, sind Psychologen. Fast ebenso oft machen sich die Autoren selbst diesen Hinweis zu eigen – auch in diesen Fällen dürfte die eigentliche Quelle des Wissens der Journalisten ein Experte sein, mit dem Unterschied, dass dieser in dem Fall nicht als Quelle aufgeführt ist. In einigen Fällen wird richtigerweise aufgeführt, dass der Nachahmereffekt lediglich bedeutet, dass Selbsttötungen als Auslöser zu weiteren Taten führen können, jedoch in aller Regel in Selbsttötungsfällen weitere Motive und Gründe vorliegen (Artikel 22). Andere Texte verkürzen die Aussage, wie Artikel 12:

> Von den Medien befragte Psychologen schließen allerdings nicht aus, dass eine Suizidhäufung einen innerbetrieblichen Nachahmungseffekt auslösen könne.

Einen Großteil der unter 4.2 verzeichneten Erwähnungen bildet der Ausspruch des früheren Vorstandsvorsitzenden der France Télécom, in dem er ein sofortiges Ende der „Selbstmord-Mode"[188] fordert, etwa in Artikel 12, 14, 23. Andere unter 4.2 verzeichnete Äußerungen sind etwa die Aussage eines Mitarbeiters, der sich mit einem Messer selbst verletzte, seine Tat sei ein Mittel zum Zweck gewesen, gegen die Arbeitsbedingungen zu protestieren (Artikel 25); oder die Interpretation des Autors, die Selbsttötungen seien eine Form des Protestes (ebd.) oder symbolische Taten (Artikel 47). Auch die relativ nüchterne und in ihrer schlichten Wahrheit verwunderlich seltene Erklärung des Autors, psychopathologische Faktoren spielen bei Selbsttötungen eine Rolle (Artikel 25), fällt in diesen Bereich.

---

[188] Auch wenn diese Erklärung der Selbsttötungen wenig einleuchtend erscheint, wurde die Äußerung verzeichnet, da prinzipiell nicht nach guten oder schlechten Erklärungen differenziert wird.

6.3.5 *Relativierung monokausaler Zusammenhänge*

Erwähnungen, die monokausale und verallgemeinernde Erklärungen von Selbsttötungen und die Wirksamkeit von Ressourcen relativieren sowie die Vielfältigkeit der potentiellen Gründe von Stress und Suizid erwähnen oder betonen, sind unter Punkt 5 zusammengefasst. Insgesamt wurden von 31 Erwähnungen in diesem Bereich 16 durch den Autor getätigt, sechs durch Experten und neun durch Akteure. Mehr noch als bei den anderen Bereichen können hier die Erwähnungen durch Akteure als Erwähnungen mit eingeschränktem Stellenwert gelten: Oft handelt es sich bei ihnen um Arbeitgebervertreter, die argumentieren, eine Selbsttötung habe stets mehrere Gründe (Punkt 5.3) und eine monokausale Verbindung von Arbeitsbedingungen (meist ist lediglich von Stressoren am Arbeitsplatz die Rede) und Selbsttötungsfällen sei vereinfacht (Punkt 5.1). Nach arbeitspsychologischem Wissen muss dieser Feststellung zugestimmt werden – wenn Arbeitgebervertreter damit zitiert werden, hat die Äußerung jedoch oft den Beigeschmack einer Ausrede, wie in dieser unter 5.1 verzeichneten Textstelle aus Artikel 52:

> Die Rechtsanwältin von France Télécom, Claudia Chemarin, wies alle Mobbing-Vorwürfe zurück. „Zu sagen, dass die Firmenpolitik, die angewandt wurde, um in einer wirtschaftlich schwierigen Phase Arbeitsplätze zu erhalten, direkt für die Selbstmorde verantwortlich ist, ist eine Vereinfachung. Das entspricht nicht der Wirklichkeit", sagte sie.

Wie schon bei Bereich 4 weisen die Äußerungen von den Autoren der Artikel sowie die Äußerungen, die Außenstehenden und Experten zugewiesen werden, oft eine hohe Ähnlichkeit auf. Analog zu Bereich 4 kann gemutmaßt werden, dass die Ursprungsquellen der Aussagen oft auch dann Experten sind, wenn diese nicht genannt werden.

7   Zusammenfassung und Diskussion der Ergebnisse

7.1   Zusammenfassung der Ergebnisse

Die relevanten Inhalte aus den Modellen zu Arbeit und Gesundheit, wie in Abschnitt 4.9 umrissen, kommen in den untersuchten Artikeln alle vor[189] – wenn auch die meisten Bereiche nur in einer Minderheit der Texte. Auch die Schwierigkeiten mit allzu einfachen und allgemeinen Erklärungen von Stress und Suizid (Kategorie 5) werden aufgeführt. Ebenfalls werden Erklärungen aus anderen psychologischen Bereichen als der Arbeits- und Organisationspsychologie transportiert (Kategorie 4), allen voran die Theorie des Nachahmereffekts mit 14 Erwähnungen. Auch Erklärungen aus anderen wissenschaftlichen Disziplinen und Alltagserklärungen finden bei den insgesamt 37 Nennungen der Kategorie 4 Erwähnung.

Am häufigsten kommen die Stressoren und mangelnden Ressourcen am Arbeitsplatz vor – dieser Bereich 1.1.1 verzeichnet 408 Erwähnungen; in 52 von 58 Artikeln fallen Äußerungen in diese Kategorie. Mit 200 Erwähnungen von Ressourcen und nicht existenten oder abzuschaffenden Stressoren am Arbeitsplatz (Bereich 1.1.2) kommt der Bereich *Bedingungen Arbeit* insgesamt auf 608 Erwähnungen in 55 Texten. Die *Bedingungen im Privatleben* werden siebenmal erwähnt (in vier Artikeln) – im Vergleich verschwindend gering. Auch relativ zu anderen Bereichen werden die Stressoren am Arbeitsplatz besonders häufig genannt: Der Bereich *Person* zählt 26 Nennungen in elf Artikeln, der Bereich *Interaktionen* 28 Nennungen in 15 Artikeln.

Die Mischkategorie *Andere Effekte und Erklärungen* kommt auf 37 Erwähnungen (davon bezeichnen 14 den Nachahmereffekt) in 15 Artikeln. 31 Aussagen in zwölf Artikeln wurden der letzten Kategorie *Relativierung monokausaler Zusammenhänge* zugerechnet, beschäftigen sich also mit der Multikausalität von Stress, Störungen und Suiziden, schränken die Wirkungsaussichten einzelner Ressourcen ein oder betonen die wissenschaftliche Erkenntnis, dass monokausale Erklärungen bei diesen Themen unterkomplex sind. Auch dieser Bereich wird also im Vergleich zu den Bedingungen im Zusammenhang mit der Arbeit verschwindend selten genannt, obwohl derartige Aussagen über die begrenzte Aussagekraft monokausaler Erklärungen alles andere als gewagt sind. Auch etwa psychopathologische Faktoren (sie fallen in die Mischkategorie 4.2) als Hintergrund von Selbsttötungen werden das einzige Mal, an dem von ihnen die Rede ist, in relativierendem Zusammenhang erwähnt.

---

[189] Zur Erinnerung: Bedingungen, Person und Interaktionen waren die Bereiche, die deduktiv aus den Modellen abgeleitet wurden.

7.2   Bedeutung der Ergebnisse

Dass die Arbeitsbedingungen so viel öfter als jeder andere Bereich erwähnt werden, lässt sich so interpretieren: Es macht die Nachricht konkreter und aktueller und somit wohl publikumswirksamer, anhand eines Einzelfalles von problematischen Bedingungen am Arbeitsplatz zu berichten, als sich in aller Länge etwa intrapersonalen Bewertungs- und Bewältigungsprozessen zu widmen.[190] Mit anderen Worten: Kein Journalist dürfte von diesen Disparitäten überrascht sein.

Bei der Vorstellung von Frage 4 (in 5.4) wurde geäußert, im Falle der Konzentration allein auf die Stressoren am Arbeitsplatz würde die Berichterstattung einem Zirkelschluss erliegen: Durch den Anlass des Ereignisses, eine Extremfolge psychischen Ungleichgewichts mit Arbeitsbezug, würde offenbar der Schwerpunkt der Texte, nämlich die Arbeitsbedingungen und allen voran die schlechten, hervorgehen. Die Folge wäre – so wurde an dieser Stelle argumentiert –, dass wichtige, im Vergleich etwa zum Alltagswissen methodisch gut erarbeitete Erkenntnisse, dabei verloren gingen.

Die Ergebnisse der Untersuchung legen hinsichtlich dieser Befürchtung ein nicht vollständig, aber doch eher positives Fazit nahe: Dem Leser wird – die Gesamtheit der Artikel betrachtet – Wissen aus allen relevanten Bereichen zur Verfügung gestellt. Bei einem alltagsnahen Thema, welches die meisten Leser betreffen und eine erhebliche Wirkung auf Gesundheit und Wohlbefinden, im Extremfall sogar auf die Existenz selbst entfalten kann, ist das – wie zu Anfang der Arbeit erklärt – von enormem potentiellem Nutzen für den Einzelnen. Und, so sei angefügt, auch für das Gesundheitssystem und die Volkswirtschaft insgesamt.

Die Ergebnisse bestätigen auf deskriptiver Ebene die Eigenständigkeit des Journalismus als gesellschaftliches Subsystem, indem sie zeigen, dass in der Berichterstattung eigenständig Schwerpunkte gesetzt werden. Gleichzeitig werden alle aus der psychologischen Theorie als relevant identifizierten Bereiche und zudem Erklärungen aus anderen Disziplinen sowie die Probleme monokausaler und verallgemeinernder Erklärungen in der Gesamtheit der Texte erwähnt. Dies kann folgendermaßen interpretiert werden: Ein eigenständiger, in einem marktwirtschaftlichen Kontext und nach spezifisch journalistischen Selektionskriterien funktionierender Wissenschaftsjournalismus erfüllt seine Funktion der Vermittlung auch sperriger Erkenntnisse der Wissenschaft durchaus. Das ist auch darum im positiven Sinne bemerkenswert, weil die Absatz- und Anzeigenkrise des Printjournalismus die Ressourcen in der Branche erheblich eingeschränkt hat, wie in Punkt 2 beschrieben.

7.3   Methodische Einschränkungen

Nach Popper (2005) ist jede Entscheidung im Forschungsprozess eine willkürliche – also keine zwingende oder „logische" Entscheidung. In dieser Arbeit war der viel-

---

[190] Vgl. zum Stellenwert von Aktualität für Nachrichten etwa La Roche (2006), S. 71ff.

leicht konstruktivste Part die Definition der Bereiche samt der Kriterien für die Kategorisierung. So wurde entschieden, dass als Erwähnung einer Interaktion nur eine Aussage gewertet wird, die diese Interaktion deutlich betont. Die Erwähnung etwa von Mobbing am Arbeitsplatz wurde so nicht als Interaktion zwischen Individuum und Stressoren gewertet, obwohl sie klar von Individuen ausgeht und zu Stress führt. Stattdessen wurde sie schlicht als Stressor gewertet, weil davon ausgegangen wurde, dass bei vielen Rezipienten nur das als Interaktion ankommt, was tatsächlich als solche erklärt und betont wird. Diese Erklärung ist nicht empirisch belegt, sondern wurde aus forschungspragmatischen Gründen deduktiv abgeleitet. Insofern sind die Definitionen der Bereiche und die Kriterien zur Klassifikation der Äußerungen ein Bereich der Arbeit, der durchaus auch kritisch gesehen werden kann. Idealerweise hätte an Versuchspersonen per Fragebogen überprüft werden können, als Erwähnung welcher Bereiche sie die jeweiligen Formulierungen tatsächlich auffassen.

Eine weitere Einschränkung der Arbeit ist die enge Themenwahl. Hier wurde die Berichterstattung über ein psychologisches Thema am Beispiel des Aufhängers *Selbsttötungen im Betrieb* untersucht. Das heißt aber nicht, dass die Ergebnisse dieser Untersuchung generalisierbar wären. Besonders wenig Aufschluss liefern sie über die Berichterstattung über psychologische Themen oder gar über sozialwissenschaftliche Themen im Allgemeinen – es wurde lediglich ein sehr spezifischer Themenbereich, nämlich *Suizid im Betrieb*, untersucht. Ebenfalls lassen sich die Ergebnisse nicht auf andere Medientypen übertragen. Würde man ähnliche Untersuchungen etwa bei Fernseh- oder Radiosendungen durchführen, wären die Ergebnisse möglicherweise völlig anders; für Wochenzeitschriften oder Onlinemedien gilt das Gleiche.

Eine weitere, verwandte Einschränkung: Es wurden nur Texte untersucht, die über ein Ereignis berichten. Nähme man einen anderen Aufhänger als die Selbsttötungswelle bei der France Télécom, etwa die beim chinesischen Chiphersteller Foxconn, so wären möglicherweise auch die in den Texten abgedeckten Bereiche in ihrer quantitativen Verteilung völlig anders – schließlich fand die Selbsttötungswelle in einem völlig anderen Kulturkreis mit ganz anderen Arbeitsbedingungen statt.

Nicht zu vergessen ist die zeitliche Einschränkung bei der Untersuchung: Nur die Texte bis zum 15. 7. 2011 wurden ausgewertet. Sollte es zu weiteren Selbsttötungen oder Selbsttötungsversuchen kommen, so würde möglicherweise erneut berichtet werden, und das vielleicht mit einem anderen Schwerpunkt als zuvor. Denkbar wären auch Nachrichten etwa über Personalwechsel bei dem Telefondienstleister, in denen auf die Suizide rekurriert wird. Diese, möglicherweise von der Gesamtverteilung abweichenden Ergebnisse verpasst diese Untersuchung, weil aus forschungspragmatischen Gründen zu einem willkürlichen Datum ein Schnitt gemacht werden musste.

7.4   Ausblick

In einem idealen Versuchsdesign wären die folgenden Ausführungen nicht nötig gewesen, denn darin wäre nicht nur der Text selbst untersucht worden, sondern es

wäre ebenso geprüft worden, wie er vom Leser wahrgenommen wird. Dies ist Anlass, an dieser Stelle für weitere Forschungen und Analysen einige Anregungen fest-
zuhalten:

So könnten Versuchspersonen etwa die Aufgabe bekommen, relevante Artikel zu
lesen. Vorher wird ihr Vorwissen abgefragt. Anschließend werden die Versuchspersonen in Anspielung auf die unterschiedlichen Kategorien befragt, hinsichtlich
welcher Bereiche sie sich durch den Artikel informiert fühlen. So könnte darüber
Aufschluss gewonnen werden, wie die Rezipienten selbst das transportierte Wissen
kategorisieren. Auf diese Weise könnten die Kategorien überprüft und eventuell
überarbeitet werden, etwa wenn herauskäme, dass die Leser die Erwähnung von
Mobbing tatsächlich als Erwähnung einer Interaktion betrachten. Sachfragen könnten ergänzend feststellen, welches Wissen tatsächlich dazugewonnen wurde. Ein besonders wichtiger Baustein der Forschung wäre, wie sich das dazu gewonnene Wissen auf das Leben des Rezipienten auswirkt.

Auch könnten die Produktionsbedingungen und die Journalisten selbst (etwa
hinsichtlich ihrer Ausbildung und Eignung) untersucht werden. Käme noch die Erforschung der Rückmeldungen der Leser auf die Wissensvermittlung hinzu – mitsamt der Frage, ob diese einen Einfluss auf die Berichterstattung haben und falls ja,
welchen –, so wäre der gesamte Kommunikationszyklus abgedeckt.

Ebenfalls interessant wäre die Erforschung anderer Themen – ob per Idealdesign
oder in einem ähnlich pragmatischen Aufbau wie dem dieser Arbeit. Auch andere
Typen von journalistischen Produkten könnten untersucht werden: Von besonderer
gesellschaftlicher Relevanz wäre dabei das gesamte öffentlich-rechtliche Segment
mit seinem programmatischen Bildungsauftrag. Auch die Boulevardpresse könnte
daraufhin untersucht werden, ob sie die ihr gerne zugeschriebenen Klischees (Sensationalisierung, Negativismus) hinsichtlich der Vermittlung von Forschungswissen
erfüllt. Der Onlinejournalismus wäre ebenfalls ein interessantes Feld für derartige
Forschung: Wird hier tatsächlich flüchtiger gearbeitet als im Print-Bereich? Ebenso
interessant wäre die Erforschung der vor allem in den USA wachsenden Zahl an
journalistischen Angeboten, die sich im Stil von NGOs und gemeinnützigen Vereinen durch Spenden und Mitgliedsbeiträge finanzieren: Trifft die oft postulierte hohe
Qualität derartiger Angebote auch auf die Vermittlung von Forschungswissen zu?[191]

Aber nicht nur im Hinblick auf das empirische, sondern auch bezogen auf das
theoretische Niveau der kommunikationswissenschaftlichen Forschung zum Thema
Wissenschaftsberichterstattung macht die vorliegende Untersuchung Lücken deutlich. Zur Rekapitulation: Der in Teil 3 als sinnvollster und avanciertester Ansatz be-
schriebene Beobachtungsansatz postuliert vor systemtheoretischem Hintergrund,
dass der Journalismus als autonomes Subsystem der Gesellschaft daran gemessen
werden sollte, inwieweit er es schafft, Themen zur öffentlichen Kommunikation zu
stellen. Der Wissenschaftsjournalismus speziell hat nach dieser Betrachtung die

---

[191] Vgl. N. N. (2011), S. 51.

Funktion, zum einen die Wissenschaft für die Gesellschaft, zum anderen die Gesellschaft für die Wissenschaft zu beobachten.[192] Maßgabe sind dabei die Bedürfnisse des Publikums.[193] Bezogen auf das Thema dieser Untersuchung wäre es auch für die empirische Forschung gewinnbringend, würde der theoretische Rahmen genauer formuliert: Wie können die Bedürfnisse des Publikums gemessen, wie darauf aufbauend guter Wissenschaftsjournalismus genau definiert werden? Erste Antworten auf diese Frage könnten wiederum die empirische Forschung inspirieren: Welche Themen (aus Psychologie und Medizin, aber auch aus ganz anderen Disziplinen) sind für das Publikum wichtig? Wie werden sie umgesetzt? Wie beeinflusst die Berichterstattung das Leben der Rezipienten?

Ein positives Fazit der Arbeit ergibt sich für die PR-Arbeit der Wissenschaftler: Die Untersuchung zeigt, dass auch die mit journalistischen Selektionskriterien weniger kompatiblen Forschungsergebnisse und -bereiche eine Chance haben, in Tageszeitungen erwähnt zu werden. Die Arbeit legt jedoch auch nahe, dass diese subtileren Inhalte seltener erwähnt werden. Eine Möglichkeit, das zu ändern – falls erwünscht – könnte sein, dass die Forscher die weniger populären Inhalte gezielt den Journalisten vermitteln. Eine letzte Überlegung, die sich nicht aus kommunikationswissenschaftlicher Forschung, sondern allein aus der Erfahrung des Autors dieser Arbeit speist: Hier könnten etwa Beispiele und Metaphern helfen, dem Umstand Rechnung zu tragen, dass Journalisten, auch Wissenschaftsjournalisten, meist Laien sind und dass außerdem Zeit- und Produktionsdruck bei einer Tageszeitung die Regel ist – und die Schreibenden somit fast immer für eine prägnante und anschauliche Darstellung der komplexen Inhalte dankbar sind.

---

[192] Vgl. Kohring (2006), S. 279ff.
[193] Vgl. ebd., S. 37.

Literatur

Bamberg, E.; Ducki, A.; Metz, A. (Hrsg.): Handbuch Gesundheitsförderung und Gesundheits-management in der Arbeitswelt. Göttingen 2011.

Bamberg, E.; Ducki, A.; Metz, A.: Gesundheitsförderung – Gesundheitsmanagement: Wissen-schaftliche Grundlagen. In: Bamberg, E.; Ducki, A.; Metz, A. (Hrsg.): Handbuch Gesund-heitsförderung und Gesundheitsmanagement in der Arbeitswelt. Göttingen 2011.

Bamberg, E.; Keller, M.; Wohlert, C.; Zeh, A.: BGW-Stresskonzept – Das arbeitspsycho-logische Stressmodell. Hamburg 2006.

Bertolote, J.; Fleischmann, A.; De Leo, D.; Wasserman, D.: Psychiatric Diagnoses and Suicide: Revisiting the Evidence. In: Crisis, 4/2004, S. 147–155.

Blöbaum, B.; Görke, A.: Quellen und Qualität im Wissenschaftsjournalismus. Befragung und Inhaltsanalyse zur Life-Science-Berichterstattung. In: Weischenberg, S.; Beuthner, M.; Loosen, W. (Hrsg.): „Medien-Qualitäten“. Öffentliche Kommunikation zwischen ökono-mischem Kalkül und Sozialverantwortung. Konstanz 2006, S. 23–44.

Bromme, R.: Wissenschaft und Öffentlichkeit. Das Verständnis fragiler und konfligierender wissenschaftlicher Evidenz. Antrag an die DFG auf Einrichtung eines Schwerpunkt-programms, 2008. Auf: http://wwwpsy.uni-muenster.de/imperia/md/content/psychologie_institut_3/ae_bromme/dfg-schwerpunktprogramm/sppscienceandpublicprgrmproposal.pdf, abgerufen am 11. Mai 2011.

Bushman, B.; Anderson, C.: Media Violence and the American Public. Scientific Facts Versus Media Misinformation. In: The American Psychologist, 6–7/2001, S. 477–489.

Cappelmann, T.: Risikogesellschaft und Journalismus. Leistungen, Funktionen, Interdepen-denzen. Saarbrücken 2007.

Diekmann, A.: Empirische Sozialforschung. Grundlagen, Methoden, Anwendungen. Reinbek bei Hamburg 2004.

Dröge, F.; Wilkens, A.: Populärer Fortschritt. 150 Jahre Technikberichterstattung in deutschen illustrierten Zeitschriften. Münster 1991.

Ducki, A.; Greiner, B.: Gesundheit als Entwicklung von Handlungsfähigkeit – Ein arbeits-psychologischer Baustein zu einem allgemeinen Gesundheitsmodell. In: Zeitschrift für Ar-beits- und Organisationspsychologie, 2/1992, S. 184–189.

Faller, H.: Musste das sein? In: Zeitmagazin, 16/2011, S. 10–14.

Früh, W.: Inhaltsanalyse. Konstanz 2007.

Göpfert, W.; Ruß-Mohl, S.: Was ist überhaupt Wissenschaftsjournalismus? In: Göpfert, W.: Wissenschaftsjournalismus. Ein Handbuch für Ausbildung und Praxis. Berlin 2006, S. 3–4.

Greif, S.: Gesundheits- und Stressmanagementcoaching. In: Bamberg, E.; Ducki, A.; Metz, A. (Hrsg.): Handbuch Gesundheitsförderung und Gesundheitsmanagement in der Arbeits-welt. Göttingen 2011.

Greif, S.: Einführung und Grundbegriffe. In: Greif, S.; Bamberg, E. (Hrsg.): Psychischer Streß am Arbeitsplatz. Göttingen 1991, S. 1–28.

Griffin, J.; Greiner, B.; Stansfeld, S.; Marmot, M.: The Effect of Self-Reported and Observed Job Conditions on Depression and Anxiety Symptoms: A Comparison of Theoretical Models. In: Journal of Occupational Health Psychology, 4/2007, S. 334–349.

Haller, M.: Wie wissenschaftlich ist Wissenschaftsjournalismus? Zum Problem wissenschaftsbezogener Arbeitsmethoden im tagesaktuellen Journalismus. In: Publizistik, 3/1987, S. 305–319.

Haller, M.: Mit großer Pose die tumbe Welt erwecken? Wissenschaft und Journalismus – vom Gegensatz zur Partnerschaft. Die Mittlerrolle des Journalisten. In: Gerwin, R. (Hrsg.): Die Medien zwischen Wissenschaft und Öffentlichkeit. Stuttgart 1992, S. 39–48.

Hobfoll, S.: Conservation of Resources: A New Attempt at Conceptualizing Stress. In: The American Psychologist, 3/1989, S. 513–524.

Hömberg, W.: Das verspätete Ressort. Die Situation des Wissenschaftsjournalismus. Konstanz 1989.

Jacobshagen, N.; Rigotti, T.; Semmer, N.; Mohr, G.: Irritation at School: Reasons To Initiante Strain Management Earlier. In: International Journal of Stress Management, 3/2009, S. 195–214.

Kepplinger, H.; Noelle-Neumann, E.: Wirkung der Massenmedien. In: Noelle-Neumann, E.; Schulz, W.; Wilke, J. (Hrsg.): Fischer Lexikon Publizistik Massenkommunikation. Frankfurt/Main 2004, S. 597–648.

Kepplinger, H.; Ehmig, S.; Ahlheim, C.: Gentechnik im Widerstreit. Zum Verhältnis von Wissenschaft und Journalismus. Frankfurt/Main 1991.

Kepplinger, H.; Habermeier, J.: The Impact of Key Events on the Presentation of Reality. In: European Journal of Communication, 3/1995, S. 371–390.

Kepplinger, H.: Die Mechanismen der Skandalierung. Die Macht der Medien und die Möglichkeiten der Betroffenen. München 2005.

Kepplinger, H.: Die gescheiterte Skandalisierung von Thilo Sarrazin. In: Bellers, J. (Hrsg.): Zur Sache Sarrazin. Wissenschaft, Medien, Materialien. Münster 2010, S. 19–32.

Kienzlen, G.; Lublinski, J.; Stollorz, V.: Vorbemerkungen. In: Kienzlen, G.; Lublinski, J.; Stollorz, V. (Hrsg.): Fakt, Fiktion, Fälschung. Trends im Wissenschaftsjournalismus. Konstanz 2007, S. 11–20.

Kloock, D.; Spahr, A.: Medientheorien. Eine Einführung. München 1997.

Kohring, M.: Die Funktion des Wissenschaftsjournalismus. Ein systemtheoretischer Entwurf. Opladen 1997.

Kohring, M.: Vertrauen in Journalismus. Theorie und Empirie. Konstanz 2004.

Kohring, M.: Wissenschaftsjournalismus. Forschungsüberblick und Theorieentwurf. Konstanz 2006.

Kunczik, M.; Zipfel, A.: Publizistik. Köln 2001.

La Roche, W.: Einführung in den praktischen Journalismus. Berlin 2006.

Lehmkuhl, M.: Defizite im Wissenschaftsjournalismus. In: Göpfert, W.: Wissenschaftsjournalismus. Ein Handbuch für Ausbildung und Praxis. Berlin 2006, S. 14–25.

Leonard, E.: The Biochemistry of Suicide. In: Crisis, 4/2005, S. 153–155.

Lublinski, J.: Wissenschaftsjournalismus im Hörfunk. Redaktionsorganisation und Thematisierungsprozesse. Konstanz 2004.

Lukosch, H.: Wissenschaft – Fluch oder Segen? Das Bild der Wissenschaft in den Massenmedien. Marburg 2009.

Manz, R.: Burnout. In: Windemuth, D.; Jung, D.; Petermann, O. (Hrsg.): Praxishandbuch psychische Belastungen im Beruf. Vorbeugen, erkennen, handeln. Wiesbaden 2010, S. 364–373.

Marcinkowski, F.: Publizistik als autopoietisches System. Politik und Massenmedien. Eine Systemtheoretische Analyse. Opladen 1993.

Maslach, C.; Jackson, S. E.: The Measurement of Experienced Burnout. In: Journal of Occupational Behavior, 2/1981, S. 99–113.

Meier, K.: Ressort, Sparte, Team. Wahrnehmungsstrukturen und Redaktionsorganisation im Zeitungsjournalismus. Konstanz 2002.

Meier, K.; Feldmeier, F.: Wissenschaftsjournalismus und Wissenschafts-PR im Wandel. Eine Studie zu Berufsfeldern, Marktentwicklung und Ausbildung. In: Publizistik, 2/2005, S. 201–224.

Meutsch, D.; Freund, B (Hrsg.): Fernsehjournalismus und die Wissenschaften. Opladen 1990.

Müller-Jung, J.: So isses. „S" wie Staunen: Der heimliche Boom der Wissensthemen. In: Frankfurter Allgemeine Zeitung, 9.5.2003, S. 37.

Nelkin, D.; Willis, D.; Parris, S.: A Disease of Society. Cultural and institutional Responses to AIDS. Cambridge 1991.

Neuberger, C.: Zeitung und Internet. Über das Verhältnis zwischen einem alten und einem neuen Medium. In: Neuberger, C.; Tonnemacher, J. (Hrsg.): Online – Die Zukunft der Zeitung? Das Engagement deutscher Tageszeitungen im Internet. Konstanz 2003, S. 16–110.

N.N. (2010a): Weitere Selbstmorde bei France Telecom. Auf: Der Standard Online, 12. September 2010 (http://derstandard.at/1282979499024/Untersuchung-gefordert-Weitere-Selbstmorde-bei-France-Telecom, abgerufen am 11.5.2011).

N.N. (2010b): Gewerkschaften setzen auf Turnen zur Streikabwehr. Auf: Welt Online, 19. August 2010 (http://www.welt.de/die-welt/vermischtes/article9082653/Gewerkschaften-setzen-auf-Turnen-zur-Streikabwehr.html, abgerufen am 11.5.2011).

N.N. (2010c): Neue LfM-Studie zu Twitter und Journalismus: Resonanzraum und Recherchehilfe. Auf: Landesanstalt für Medien Nordrhein-Westfalen, 20. November 2010 (http://www.lfm-nrw.de/aktuell/pressemitteilungen/pressemitteilungen-detail/article/neue-lfm-studie-zu-twitter-und-journalismus-resonanzraum-und-recherchehilfe.html, abgerufen am 11.5.2011).

N.N.: Bulletins From The Future. In: The Economist, 28/2011, S. 45–58.

Noelle-Neumann, E.; Schulz, W.; Wilke, J. (Hrsg.): Fischer Lexikon Publizistik Massenkommunikation. Frankfurt/Main 2004.

Nydegger, R.: Understanding and Treating Depression. Ways to Find Hope and Help. Westport 2008.

Popper, K.: Logik der Forschung. Tübingen 2005.

Reis, R.: Mysteriöse Selbstmordserie bei Renault. Auf: Tagesspiegel.de, 22. Februar 2007 (http://www.tagesspiegel.de/wirtschaft/mysterioese-selbstmordserie-bei-renault/814258.html, abgerufen am 25.5.2007).

Richter, P.; Buruck, G.; Nebel, C.; Wolf, S.: Arbeit und Gesundheit – Risiken, Ressourcen und Gestaltung. In: Bamberg, E.; Ducki, A.; Metz, A. (Hrsg.): Handbuch Gesundheitsförderung und Gesundheitsmanagement in der Arbeitswelt. Göttingen 2011.

Rigotti, T.; Mohr, G.: Gesundheit und Krankheit in der neuen Arbeitswelt. In: Bamberg, E.; Ducki, A.; Metz, A. (Hrsg.): Handbuch Gesundheitsförderung und Gesundheitsmanagement in der Arbeitswelt. Göttingen 2011.

Rigotti, T.: Fairness im Arbeitsleben. In: Windemuth, D.; Jung, D; Petermann, O. (Hrsg.): Praxishandbuch Psychische Belastungen im Beruf. Wiesbaden 2010, S. 210–219.

Ruß-Mohl, S.: Wissenschaftsberichterstattung – Medien und Märkte. In: Ruß-Mohl, S. (Hrsg.):
Wissenschaftsjournalismus. Ein Handbuch für Ausbildung und Praxis. München 1987,
S. 35–42.

Schäfer, M.: Wissenschaft in den Medien. Die Medialisierung naturwissenschaftlicher Themen.
Wiesbaden 2007.

Schnedler, T.: Eine Minute für den Quellencheck. Recherche kommt im journalistischen Alltag
zu kurz. Auf: Journalistik Journal Online, 8. Oktober 2009 (http://journalistik-journal.
lookingintomedia.com/?p=397, abgerufen am 11. Mai 2011).

Scholl, A.; Weischenberg, S.: Journalismus in der Gesellschaft. Theorie, Methodologie und
Empirie. Opladen/Wiesbaden 1998.

Schulz, W.: Massenmedien und Realität. Die „ptolemäische" und „kopernikanische" Auffassung. In: Kaase, M.; Schulz, W. (Hrsg.): Massenkommunikation. Theorien, Methoden, Befunde. Opladen 1989, S. 135–149.

Schulz, W.: Nachricht. In: Noelle-Neumann, E.; Schulz, W.; Wilke, J.: Fischer Lexikon Publizistik Massenkommunikation. Frankfurt/Main 2004, S. 328–362.

Siegrist, J.: Adverse health effects of high-effort/low-reward conditions at work. Journal of
Occupational Health Psychology, 1/1996, S. 27–43.

Sedlmeier, P.; Renkewitz, F.: Forschungsmethoden und Statistik in der Psychologie. München
2008.

Spinner, H.: Das „wissenschaftliche Ethos" als Sonderethik des Wissens. Über das Zusammenwirken von Wissenschaft und Journalismus im gesellschaftlichen Problemlösungsprozeß.
Tübingen 1985.

Strohschneider, P.: Die Grenze zwischen Politik und Wissenschaft. Frankfurter Allgemeine
Zeitung, 17. März 2011, S. 8.

Wang, J.; Patten, S.: Perceived Work Stress and Major Depression in the Canadian Employed
Population, 20–49 Years Old. In: Journal of Occupational Health Psychology, 4/2001,
S. 283–289.

Weber, S.: Doppelte Differenz. In: Neverla, I.; Grittmann, E.; Pater, M.: Grundlagentexte zur
Journalistik. Konstanz 2002.

Weber, S. (Hrsg.): Theorien der Medien. Konstanz 2003.

Weber, S.: Non-dualistische Medientheorie. Eine philosophische Grundlegung. Konstanz 2005.

Weischenberg, S.: Konstruktivismus und Journalismusforschung. Probleme und Potentiale
einer neuen Erkenntnistheorie. In: Medien Journal, 4/1995, S. 47–56.

Weingart, P.: Die Stunde der Wahrheit für die Wissenschaft. In: Das Parlament, 1–2/2004, S. 13.

Windemuth, D.; Jung, D.; Petermann, O. (Hrsg.): Praxishandbuch psychische Belastungen im
Beruf. Vorbeugen, erkennen, handeln. Wiesbaden 2010.

Winkler, W.: Die große Spinat-Verschwörung. In: Süddeutsche Zeitung, 7./8. August 2010,
S. V2/1.

Zapf, D.; Semmer, N.: Stress und Gesundheit in Organisationen. In: Enzyklopädie der Psychologie. Organisationspsychologie – Grundlagen und Personalpsychologie. Göttingen u. a.
2004, S. 1007–1112.

Zonda, T.: One-Hundred Cases of Suicide in Budapest. A Case-Controlled Psychological
Autopsy Study. In: Crisis, 3/2006, S. 125–129.

Anhang

Anhang A: Codieranweisungen

1   Methodische und formale Aspekte

Die **Codiereinheit** nach Früh ist die Basisaussage:

> „Es wird also nicht ermittelt, welche Kategorien auf den ganzen Text bezogen und unab-
> hängig davon, wie oft sie angesprochen sind, sondern der Text wird vielmehr Äußerung für
> Äußerung daraufhin geprüft, ob eine Kategorie auf die einzelne Äußerung zutrifft."[194]

Dieses Vorgehen hat den Vorteil, dass einzelne Kategorien pro Text mehrmals vorkommen können. Die Menge an Daten und somit der potentielle Erkenntnisgewinn
sind so höher als mit dem gesamten Text oder dem Satz als Codiereinheit. Kontexteinheit nach Früh[195] ist der gesamte Text.

Der Verständlichkeit halber wird in der Dokumentation immer die **Original-
Textstelle** zitiert. In der nächsten Spalte wird die Aussage, soweit relevant, für die
Themen-Frequenzanalyse, zusammengefasst. Dabei kann ein notwendiges Mini-
mum an Interpretation und Kontextualisierung erfolgen. Die Aussagen sollen aber
so wörtlich wie möglich genommen werden.

Um der Komplexität des Materials gerecht zu werden, erscheint bei der Codierung eine **Kombination aus theorie- und empiriegeleitetem Vorgehen** als sinnvoll
(wie auch schon bei der Schaffung der Kategorien). Wird der Bezug zu einer Kategorie im Text hergestellt, etwa wenn von „Stress", „Selbstmordgründen", „Schutzfaktoren", „Ressourcen" oder „persönlichen Verarbeitungsstilen" die Rede ist, so
wird diese Textstelle als Erwähnung des jeweiligen Bereiches vermerkt (empiriegeleitet). Wird anders herum in einer Textstelle ein Phänomen erwähnt, das mittels
der oben vorgestellten psychologischen Theorien oder per „Common Sense" eindeutig einer der Kategorien zuzurechnen ist, so wird auch hier die Erwähnung des jeweiligen Bereichs verzeichnet. **Entlassungen** etwa werden unter 1.1.1 codiert, auch
wenn kein Bezug zu Stress oder Suizidalität geknüpft wird, da Arbeitsplatzunsicherheit ein potentieller Stressor ist.

**Um eine trennscharfe, reliable und valide Untersuchung zu ermöglichen,
wird jede Äußerung gewertet**, auch dann, wenn mehrere Äußerungen im gleichen
Text einen identischen oder sehr ähnlichen Inhalt transportieren. Einzige Einschränkung, um Redundanzen zu vermeiden: Folgen mehrere identische Aussagen in einem
Text direkt aufeinander und ist keine von ihnen Teil des Titels oder des Untertitels,
so wird die Aussage nur einmal gewertet.

---

[194] Früh (2007), S. 165.
[195] Ebd.

Titel, Unterzeile sowie Kurztext vor dem Artikel („Anreißer") werden ebenfalls codiert. Relevante Textstellen werden gesondert vermerkt, um der hervorgehobenen Position Rechnung zu tragen. Da Titel und Unterzeile in aller Regel
nicht aus ganzen Sätzen bestehen und naturgemäß knapp sind, ist hier etwas mehr
Kontextualisierung erwünscht als in den Artikeln.

2 Inhaltliche Aspekte

**Die Erwähnung etwa von psychischem Ungleichgewicht, psychischen Störun-
gen oder Stress** wird nicht auf Stressorenseite gezählt, weil es sich hier um die Folgen der Belastungen handelt.

**Mangelnde Ressourcen und Stressoren bilden eine Kategorie. Anders he-
rum werden nicht existente, abgeschaffte oder abzuschaffende Stressoren den
Ressourcen zugerechnet.** Diese Betrachtungsweise legt Hobfoll in seiner Theorie
der Allocation of Resources nahe (zitieren). Wichtiger noch: Sie empfiehlt sich zur
Beantwortung der Forschungsfrage. Wenn etwa von Maßnahmen der France Télécom zur Unterbrechung der Selbsttötungsserie die Rede ist, so geht es oft um Maßnahmen, die vorhandene Stressoren beseitigen oder vermindern. Im Sinne des Forschungsinteresses dieser Arbeit haben derartige Beseitigungen eines Stressors aber
mehr mit der Schaffung von Ressourcen gemein als etwa mit einem neu in Erscheinung tretenden Stressor.

Für die **Zuordnung der Stressoren und Ressourcen zu Arbeit bzw. Privatleben** ist entscheidend, aus welcher Sphäre sie stammen – nicht, auf welche Sphäre
oder Sphären sie sich auswirken. Ist etwa von der Versetzung eines späteren Selbsttötungsopfers in eine andere Stadt die Rede, so wird diese Aussage unter 1.1.1 Stressoren Arbeit vermerkt, auch wenn sich das Ereignis möglicherweise auf das Privatleben des Beschäftigten ausgewirkt hat.

Mengen- und Prozentangaben etwa zu Mitarbeitern, die sich unter Zeitdruck
gesetzt fühlen, werden prinzipiell der jeweiligen Kategorie zugerechnet (in diesem
Fall wäre das 1.1.1). Welche Zahlen und Verhältnisse in der Aussage angeführt werden, spielt für die Codierung keine Rolle.

Die Selbsttötungen bei der France Télécom legen die Auswahlkriterien für die
Untersuchung fest. **Aus diesen Texten werden jedoch alle Äußerungen zum Thema psychische Gesundheit und psychische Störungen am Arbeitsplatz kategorisiert;** die Äußerungen müssen keinen Bezug zur France Télécom enthalten. So
werden auch Äußerungen erfasst, die sich mit der Situation in anderen Unternehmen
beschäftigen oder die Geschehnisse bei der France Télécom als Anlass benutzen, das
oben genannte Thema etwa in Ratgeberform zu behandeln. Dies erscheint sinnvoll,
weil auch derartige Texte relevant für die Fragen nach den Verhältnissen der Nennung unterschiedlicher Bereiche sind. Notwendige Voraussetzung für die Kategorisierung einer Textstelle ist aber der Bezug zum Arbeitsplatz. In Text 21 etwa wird
ohne Bezug zu Selbsttötungen oder psychischer Ungesundheit bei der Arbeit über

mögliche psychische Probleme und Risiken von Männern geschrieben. Diese Äußerungen sind im Sinne der Untersuchungsfragen nicht relevant und werden nicht gezählt: Da kein Bezug zur Arbeit hergestellt wird, würde in diesem Fall das Codieren der Erwähnung bei personalen Risikofaktoren das Ergebnis verzerren.

Geplante Maßnahmen auf der Ressourcenseite und befürchtete Effekte auf der Stressorenseite werden ebenfalls codiert. Dagegen spräche zwar, dass es sich um eventuelle Geschehnisse aus der Zukunft handelt. Ausschlaggebend ist aber meiner Meinung nach das Argument, dass viele der Ressourcen auf Arbeitsebene erst nach den Selbsttötungen geplant und insofern oft zum Zeitpunkt des Erscheinens der Artikel noch nicht realisiert wurden. Dennoch handelt es sich um Ressourcen, über die berichtet wird. Sie nicht zu zählen, würde heißen, eine Verzerrung des Ergebnisses in Kauf zu nehmen.

Interaktionen zwischen Personen und Bedingungen sowie zwischen Stressoren und Ressourcen müssen explizit aufgeführt werden, um gezählt zu werden. Eine reine Vermutung des Codierers, von der erwähnten Textstelle lasse sich auf das Vorhandensein derartiger Interaktionen schließen, rechtfertigt noch keine Kategorisierung. Folgende Textstelle aus Artikel 20 (auf die zugehörige Tabelle kann im OnlinePLUS-Programm unter www.springer-vs.de/Buch/978-3-531-19848-4/Psychologische-Erkenntnisse-in-Tageszeitungen.html zugegriffen werden) wird etwa nicht als Interaktion verzeichnet:

> Als Beleg führen sie eine Studie aus dem Jahr 2008 an, wonach sich zwei Drittel der Mitarbeiter für „gestresst" halten und 15 Prozent „unter Stress leiden".

Das Gleiche gilt für ähnliche Formulierungen wie etwa „der Mitarbeiter fühlte sich überlastet" – der Bezug zum Thema Interaktionen ist in solchen Wendungen zu schwach, um eine Verzeichnung sinnvoll zu machen. Diese Festlegung ergibt sich aus den Untersuchungsfragen: Registriert werden sollte mit dieser Kategorie, ob derartige Interaktionen von Journalisten an das Publikum vermittelt werden. Dies würde aber nur geschehen, wenn diese explizit angesprochen werden. In einer Äußerung wie der obigen lässt sich nach Ansicht des Autors noch kein klarer Hinweis auf Interaktionen (in diesem Fall zwischen Personen und Bedingungen) erkennen. Die Formulierung „der Mitarbeiter fühlte sich den Anforderungen nicht gewachsen" ist dagegen ein Beispiel für eine Wendung, die als Interaktion gezählt wird, weil hier tatsächlich die Beziehung zwischen der Person und den Gegebenheiten betont wird. Entscheidend ist, dass dieser Satz die Seite des Individuums ebenso in den Vordergrund rückt wie die Seite der Bedingungen.

Als **Quelle** vermerkt wird diejenige Person, Gruppe oder Institution, der die Aussage zugeschrieben wird. Das kann eine namentlich genannte Person sein, eine nicht weiter bezeichnete Gruppe (z. B. „Experten", „Psychologen"), eine Institution (Firma, Gewerkschaft) usw.

Es soll als Quelle generell diejenige Person, Personengruppe oder Institution genannt werden, die die Aussage oder Erwähnung laut Text trifft. Mit anderen

Worten: Es soll so tief wie möglich zur Original-Quelle vorgedrungen werden. „XY sagt, …" etwa ist ein eindeutiger Indikator, XY als Quelle aufzuführen. Die Benutzung des Konjunktivs ist ebenfalls ein Indikator dafür, dass in diesem Fall nicht der Autor selbst die Quelle der Aussage ist. Wird die Aussage niemandem zugeschrieben und steht sie im Indikativ, so gilt sie in der Regel als Aussage des Autors. Um zu bewerten, welcher Quelle die Aussage zugeschrieben wird, wird auch kontextuelle Information verwendet. Ab und an wird schwierig zu unterscheiden sein, wer die Aussage getätigt hat. In diesen Fällen gilt als Kriterium, dass die Aussage der als solcher verzeichneten Quelle noch klar formulierbar sein muss. Steht im Text etwa „Gewerkschaftsvertreter spielten auf den Zeitdruck an", kann mit „Gewerkschaftsvertretern" als Quelle keine klare Aussage mehr formuliert werden. In diesem Fall müsste abstrahiert werden, indem der Autor des Textes als Quelle verwandt wird, mit der Aussage „Gewerkschaftsvertreter spielten auf den Zeitdruck an" (fiktives Beispiel).

Die Unterteilung zwischen Experten und Akteuren ergibt sich nicht immer von selbst: So sind etwa die Forscher an Instituten oft arbeitnehmer- und arbeitgebernah und unter Umständen von der einen oder anderen Seite finanziert. Wesentlich für die Beantwortung der Forschungsfrage ist aber mehr die Realität des jeweiligen Textes als die Realität der Außenwelt. Wissenschaftler und Forscher werden insofern als Experten gewertet, weil sie in aller Regel als solche präsentiert werden (manchmal auch direkt in der Formulierung, z. B. „Die Technologia-Experten haben die Verantwortlichen ausgemacht", Artikel 13). Als Akteure werden also lediglich die unmittelbar und qua Amt ins Geschehen Involvierten gewertet. Auch Betroffene, etwa die Opfer der Selbsttötungen, deren Abschiedsbriefe in vielen Texten zitiert werden, gelten als Akteure, da sie in das Geschehen eingebunden sind oder waren.

Die Quellen der Aussagen sind relevant für die Auswertung der Ergebnisse: Ist die Quelle ein Akteur (z. B. Firma, Gewerkschaft), der selbst in das Geschehen verwickelt ist, so relativiert dies die Erwähnung des jeweiligen Bereichs. Ist die Quelle ein Experte oder der Autor, so wiegt die Erwähnung schwerer.

Die Quelle wird im Singular und in der männlichen Form genannt. Damit sind ebenso Gruppen und weibliche Quellen gemeint.

Nicht codiert werden

– **Aussagen, die zu unspezifisch für einen der Bereiche sind**, z. B.: „Dass es bei France Télécom nicht zum Besten steht, ist für Franzosen offensichtlich" (Text 13 – es wird nicht erklärt, ob es sich hier um die Arbeitsbedingungen oder ganz andere Faktoren handelt). Oder: „Auch wer den Beamtenstatus genießt, muss auf einiges gefasst sein:" (Text 13). Wie bei diesem Beispiel folgt auf solche unkonkreten Ausführungen in der Regel eine spezifische und darum codierfähige Aus-

sage, in diesem Fall: „Das Management agiert mit internen Versetzungen, wobei die Qualifikation oft nur eine untergeordnete Rolle spielt." (Zuzurechnen ist diese Aussage den von der Arbeit ausgehenden Stressoren, Punkt 1.1.1.).
Auch die Erwähnung, dass die Staatsanwaltschaft France Télécom wegen fahrlässiger Tötung anklagt, wird nicht verzeichnet – hier könnte auch etwa ein Mangel an Sicherheitsvorkehrungen gemeint sein. Was die Erwähnung der „Gefährdung" von Mitarbeitern angeht, gilt das Gleiche. Spricht die Staatsanwaltschaft von Mobbing, ist das im Gegensatz dazu spezifisch genug, um unter 1.1.1 Stressoren Arbeit vermerkt zu werden.

Bezüglich dessen, wie genau und konkret eine Aussage ist, gibt es ein weites Kontinuum. Das entscheidende Kriterium ist: Die Aussage muss konkret genug sein, um klar in eine der Kategorien zu passen:

– **Aussagen, die die Makroebene betreffen.** („Das hat zum Teil mit dem Wechsel vom Staatskonzern zum börsennotierten Unternehmen zu tun", Text 13.) In aller Regel sind solche allgemeinen Vermutungen die Einleitung für konkretere, nach dem vorliegenden System codierfähige Attributionen.

– **Aussagen, die nur indirekt die in den Kategorien aufgeführten Bereiche betreffen.** Dazu gehören die in einigen Artikeln erwähnten Evaluationen und Berichte über das Betriebsklima bei der France Télécom und anderer Firmen, z. B.: „Die Regierung hat sich eingeschaltet, das Management hat ein Sofortprogramm gestartet. Dazu gehören ein Versetzungsstopp, eine bessere medizinische Kontrolle – und die Erforschung des Betriebsklimas" (in Text 13 über die France Télécom). Die Erwähnung des Sofortprogramms, des Versetzungsstopps und der medizinischen Kontrolle werden jeweils als Erwähnung von Ressourcen gewertet, die Erforschung des Betriebsklimas jedoch nicht, da sie höchstens zur Schaffung von Ressourcen *führen* könnte, selbst jedoch keine Ressource darstellt. Durchaus aufgenommen werden allerdings Verhandlungen und Pläne zur Verbesserung der Arbeitsumgebung: „Darüber hinaus beginnen morgen Verhandlungen mit den Gewerkschaften über die Verbesserung der Arbeitsbedingungen." (Text 15, verzeichnet unter 1.1.2 Ressourcen Arbeit; auf die zugehörige Tabelle kann im OnlinePLUS-Programm unter www.springer-vs.de/Buch/978-3-531-19848-4/ Psychologische-Erkenntnisse-in-Tageszeitungen.html zugegriffen werden.)

– **Aussagen darüber, *wer* von Phänomenen, die die Kategorien berühren, betroffen ist.** „Am stärksten betroffen sind die Leute mit einfachen Jobs, namentlich in den Callcentern, aber auch in den Läden und in den Technikabteilungen" ist alleine noch keine Aussage, die eine Kategorisierung zur Folge hat (Text 13).

– **Biografische Angaben.** In Nachrichten werden in der Regel das Alter und der Wohnort der handelnden Person aufgeführt, bei Texten, die sich auf ein Ereignis am Arbeitsplatz beziehen, ist auch etwa die Angabe der beruflichen Position zu erwarten. Wenn kein Zusammenhang zu psychischen Problemen oder zur Selbsttötung hergestellt wird, werden diese Angaben nicht codiert.

- **Aussagen darüber, auf wen Stressoren und Ressourcen oder deren Abschaffung zurückzuführen sind.**
- **Aussagen über das Erleben von Stress, unangenehmen Gefühlszuständen und psychischen Störungen,** z. B. „Jeder Fünfte stellt dort laut Studie eine "Schwächung der körperlichen Gesundheit und geistigen Energie" fest"; „Ebenso groß ist der Frust bei den Altgedienten" (Text 11, auf die zugehörige Tabelle kann im Online PLUS-Programm unter www.springer-vs.de/Buch/978-3-531-19848-4/ Psychologische-Erkenntnisse-in-Tageszeitungen.html zugegriffen werden); „Auf der gesamten Belegschaft lastete und lastet ein ungeheurer Druck" (Text 14). Hier wäre man auf der Ebene der Folgen, zur Beantwortung der Forschungsfrage aber sind die Ursachen und Hintergründe relevant.
- **Aussagen, die offenbar auf politische Hintergründe hinweisen.** So steht in einigen der codierten Texte, dass Oppositionspolitiker den Geschäftsführer der France Télécom, Didier Lombard, zum Rücktritt aufgefordert haben (vgl. etwa Text 15, auf die zugehörige Tabelle kann im Online PLUS-Programm unter www.springer-vs.de/Buch/978-3-531-19848-4/Psychologische-Erkenntnisse-in-Tageszeitungen.html zugegriffen werden). Hier lässt sich eine Abgrenzung zwischen dem Forschungsinteresse, das im Psychologischen liegt, und der Sphäre des Politischen ziehen. Derartige Schlagabtausche sind in den Texten nie mit psychologischen Hintergrundargumenten untermauert.
- **Aussagen über Interventionsmaßnahmen.** Ziel der Arbeit ist es, die Berichterstattung zu Hintergründen von Selbsttötungen am Arbeitsplatz zu untersuchen. Interventionsmaßnahmen werden meist dann angewandt, wenn die psychische Belastung schon da ist – hier aber soll es um deren Entstehung gehen. Dieses Themenfeld ist daher nicht unmittelbar relevant für die Untersuchung. **Interventionsmaßnahmen werden darum nur dann verzeichnet, wenn sie mit der Schaffung von Ressourcen einhergehen oder sich nicht klar von ihnen abgrenzen lassen.**

Anhang B: Stichwortliste

Aus den Texten werden an dieser Stelle Stichwortlisten mit den für die Beantwortung der Forschungsfrage relevanten Themen (und wichtigsten Argumenten) erstellt, vgl. Früh (2007), S. 158f. Die Auswertungen der Texte werden in zeitlicher Reihenfolge aufgeführt.

1. „Neue Selbstmorde in Frankreich", Süddeutsche Zeitung, Wirtschaft, 18.6.2008

Textstelle	Relevante Aussage	Quelle der Aussage	Einordnung	Bemerkungen
Als wichtiger Grund gilt auch bei den Selbstmördern von France Télécom Stress am Arbeitsplatz. Doch das lässt sich kaum nachweisen.	Stress am Arbeitsplatz als Selbstmordgrund ist schwer nachzuweisen.	Autor	5.1 Relativierung monokausaler und verallgemeinernder Erklärungen	
Die Unternehmen führen stets persönliche Gründe oder zumindest eine Vielzahl von Ursachen als Erklärung an.	Die Unternehmen führen persönliche Gründe als Erklärung an.	Autor	2.1 Personale Risikofaktoren	
Gleicher Satz	Die Unternehmen führen eine Vielzahl von Gründen als Erklärung an.	Autor	5.3 Erwähnung der Vielfältigkeit	
Dabei hinterließ auch diesmal wieder ein Mitarbeiter einen Abschiedsbrief. In dem klagt der Mann darüber, dass ihm die Arbeit zu viel würde. Die Arbeitszeiten hatten sich geändert und er war von Straßburg in den Vorort Schiltigheim versetzt worden. Dadurch, so steht es in dem von der Gewerkschaft Sud-PTT zitierten Brief, hätten sich die Arbeitsbedingungen maßgeblich verschlechtert.	Das Übermaß an Arbeit könnte bei diesem Selbsttötungsopfer ein Grund für die Tat gewesen sein.	Gewerkschaft Sud-PTT (Akteur)	1.1.1 Stressoren Arbeit	
Gleicher Satz	Veränderte Arbeitszeiten könnten bei diesem Selbsttötungsopfer ein Grund für die Tat gewesen sein.	Gewerkschaft Sud-PTT (Akteur)	1.1.1 Stressoren Arbeit	
Gleicher Satz	Der Ortswechsel könnte bei diesem Selbsttötungsopfer ein Grund für die Tat gewesen sein.	Gewerkschaft Sud-PTT (Akteur)	1.1.1 Stressoren Arbeit	
Ein anderer Mitarbeiter in Ostfrankreich habe Selbstmord verübt, nachdem er schlecht mit einer neuen Technik am Arbeitsplatz zurechtgekommen sei, sagte ein Mitglied der Gewerkschaft FT-Est über einen Suizid im Mai.	Neue technische Gegebenheiten könnten der Auslöser einer Selbsttötung gewesen sein.	Mitglied Gewerkschaft FT-Est (Akteur)	1.1.1 Stressoren Arbeit	
Eine Regionalmanagerin von France Télécom wies jedoch darauf hin, dass es „keinen offensichtlichen Zusammenhang" zwischen den Selbsttötungen und der Firma gebe.	Die Arbeitsbedingungen sind nicht eindeutig der Grund für die Selbsttötungen.	Managerin France Télécom (Akteur)	5.1 Relativierung monokausaler und verallgemeinernder Erklärungen	
Viele Unternehmen richteten Sorgentelefone ein.	Unternehmen richteten Sorgentelefone ein, um Selbsttötungen zu verhindern.	Autor	1.1.2 Ressourcen Arbeit	
Viele Unternehmen richteten Sorgentelefone ein. Die Wirksamkeit der Maßnahmen zweifeln Experten an.	Die Sorgentelefone sind in der Verhinderung von Selbsttötungen möglicherweise unwirksam.	Experten	5.2 Relativierung Wirksamkeit Ressourcen	

8. „Achtzig Prozent der Mitarbeiter sind unzufrieden", Frankfurter Allgemeine Zeitung, Wirtschaft, 22.10.2009

Textstelle	Relevante Aussage	Quelle der Aussage	Einordnung	Bemerkungen
Vier von fünf Mitarbeiter von EADS fühlen sich von ihren Vorgesetzten alleine gelassen.	Vier von fünf Mitarbeitern von EADS (Französischer Luft- und Raumfahrtkonzern) fühlen sich von ihren Vorgesetzten allein gelassen.	Umfrage Gallup (Experte)	1.1.1 Stressoren Arbeit	
Ihre Leistungen werden nicht honoriert, neue Ideen nicht aufgegriffen.	Die Leistungen der Mitarbeiter werden nicht honoriert.	Umfrage Gallup (Experte)	1.1.1 Stressoren Arbeit	
„Die Resultate sind nicht gut", räumt ein EADS-Sprecher in Paris offiziell ein. Sie sollen jetzt Anlass zu einer Reihe von Verbesserungsmaßnahmen geben.	Eine Reihe von Maßnahmen zur Verbesserung des Betriebsklimas sind bei EADS geplant.	Autor	1.1.2 Ressourcen Arbeit	
Das soziale Klima in den Unternehmen verschlechtert sich – nicht nur in Frankreich.	Das soziale Klima in den Unternehmen verschlechtert sich – nicht nur in Frankreich.	Autor	1.1.1 Stressoren Arbeit	
Die EADS-Umfrage unter den 118000 Mitarbeitern erbrachte in den Konzernländern Frankreich, Deutschland, Großbritannien und Spanien überall etwa die gleichen schwachen Ergebnisse.	Die EADS-Umfrage unter den 118 000 Mitarbeitern erbrachte in den Konzernländern Frankreich, Deutschland, Großbritannien und Spanien überall etwa die gleichen schwachen Werte für die Stimmung im Unternehmen.	Umfrage Gallup (Experte)	1.1.1 Stressoren Arbeit	
Nach Ansicht von Unternehmensberatern ist die Unzufriedenheit Folge des gewachsenen Globalisierungsdrucks sowie Ausdruck der Wirtschaftskrise, die zu starken Kostensenkungen zwingt.	Unzufriedenheit am Arbeitsplatz kommt durch Kostensenkungen.	Unternehmensberater (Experte)	3.1 Interaktionen Person – Bedingungen	
„Viele Firmen haben alle Hände damit zu tun, den normalen Betrieb aufrechtzuerhalten. Da muss manches zurückstehen", sagt Jean-Ange Lallican vom Verband der Personalberater.	Viele Firmen haben alle Hände damit zu tun, den normalen Betrieb aufrechtzuerhalten. Darunter leidet das Betriebsklima.	Jean-Ange Lallican vom Verband der Personalberater (Experte)	1.1.1 Stressoren Arbeit	
Als Extrembeispiel – allerdings mit vielen Besonderheiten – gilt die Selbstmordserie bei France Télécom. Dort stießen harte Managementmethoden mit automatischen Versetzungsplänen und rigiden Anforderungen der Zielerfüllung auf eine Belegschaft, die aufgrund ihres Beamtenstatus zum Teil unkündbar und noch die Zeiten des Monopolbetriebs gewohnt ist.	Bei France Télécom waren automatische Versetzungspläne im Einsatz.	Autor	1.1.1 Stressoren Arbeit	

Gleicher Satz	Bei France Télécom galten rigide Anforderungen der Zielerfüllung.	Autor	1.1.1 Stressoren Arbeit
Gleicher Satz	Die Mitarbeiter der France Télécom haben Erwartungen, die gemessen an den derzeitigen Gegebenheiten überhöht sind.	Autor	2.1 Personale Risikofaktoren
Gleicher Satz	Bedingungen und Mentalität stießen zusammen, die Kombination führte zu Problemen.	Autor	3.1 Interaktion Person – Bedingungen
"Was das Arbeitsumfeld wie die Ausstattung der Büros oder etwa die Parkplätze angeht, sind die Mitarbeiter überwiegend zufrieden", sagt Maria Perez, die am Pariser Konzernsitz die Gewerkschaft Force Ouvrière vertritt.	Was die Ausstattung der Büros angeht, sind die Mitarbeiter überwiegend zufrieden.	Maria Perez, Gewerkschaftsvertreterin Force Ouvrière bei EADS in Paris (Akteur)	1.1.2 Ressourcen Arbeit
Gleicher Satz	Was die Parkplätze angeht, sind die Mitarbeiter überwiegend zufrieden.	Maria Perez, Gewerkschaftsvertreterin Force Ouvrière bei EADS in Paris (Akteur)	1.1.2 Ressourcen Arbeit
Gleicher Satz	Was das Arbeitsumfeld angeht, sind die Mitarbeiter überwiegend zufrieden.	Maria Perez, Gewerkschaftsvertreterin Force Ouvrière bei EADS in Paris (Akteur)	1.1.2 Ressourcen Arbeit
"Doch es hapert im menschlichen Verhältnis zu den Vorgesetzten", sagt sie.	Die Beschäftigten bei EADS bemängeln das Verhältnis zu den Vorgesetzten.	Maria Perez, Gewerkschaftsvertreterin Force Ouvrière bei EADS in Paris (Akteur)	1.1.1 Stressoren Arbeit
Daher sei die Identifikation mit dem Unternehmen gering.	Die Identifikation der Beschäftigten bei EADS mit dem Unternehmen ist gering.	Maria Perez, Gewerkschaftsvertreterin Force Ouvrière bei EADS in Paris (Akteur)	1.1.1 Stressoren Arbeit
Zwanzig zusätzliche Ausbilder sind zur größten EADS-Tochtergesellschaft Airbus geschickt worden.	Zwanzig zusätzliche Ausbilder sind zur größten EADS-Tochtergesellschaft Airbus geschickt worden, um die Unzufriedenheit der Mitarbeiter zu bekämpfen.	EADS-Konzernchef Louis Gallois (Akteur)	1.1.2 Ressourcen Arbeit

9. „Wenn die Arbeit krank macht", Frankfurter Allgemeine Zeitung, Wirtschaft, 1.11.2009

Textstelle	Relevante Aussage	Quelle der Aussage	Einordnung	Bemerkungen
Sind die Deutschen hartleibiger als die Franzosen? Sind sie besser gewappnet gegen beruflichen Stress, Umwälzungen im Betrieb, ungewohnte Herausforderungen? Man könnte es fast denken angesichts der jüngsten Ereignisse im Nachbarland.	Selbsttötungsserien legen nahe, dass Deutsche besser als Franzosen gegen beruflichen Stress gewappnet sind.	Autor	2.1 Personale Risikofaktoren und Ressourcen	„hartleibig' lässt vermuten: Eher Eigenschaft als Bewältigungsstil ist gemeint
Gleicher Satz	Selbsttötungsserien legen nahe, dass Deutsche besser als Franzosen gegen Umwälzungen im Betrieb gewappnet sind.	Autor	2.1 Personale Risikofaktoren und Ressourcen	
Gleicher Satz	Selbsttötungsserien legen nahe, dass Deutsche besser als Franzosen gegen ungewohnte Herausforderungen gewappnet sind.	Autor	2.1 Personale Risikofaktoren und Ressourcen	
Menschen nahmen sich in ihren Büros das Leben oder auf dem Werksgelände. Und in den Abschiedsbriefen klagten sie über Stress und Druck am Arbeitsplatz.	In den Abschiedsbriefen erwähnten die Selbsttötungsopfer häufig das Thema Stress am Arbeitsplatz.	Autor	1.1.1 Stressoren Arbeit	
Gleicher Satz	In den Abschiedsbriefen erwähnten die Selbsttötungsopfer häufig das Thema Zeitdruck (Leistungsdruck, Produktionsdruck) am Arbeitsplatz.	Autor	1.1.1 Stressoren Arbeit	
Aber gesund ist es trotzdem nicht, das Büroleben der Deutschen: „Dauerstress" will die Böckler-Stiftung gemessen haben.	Das Arbeitsleben der Deutschen ist nicht immer Gesund für die Psyche.	Autor	1.1.1 Stressoren Arbeit	
Gleicher Satz	Die Hans-Böckler-Stiftung gibt an, dauerhaftes Stresserleben festgestellt zu haben.	Hans-Böckler-Stiftung (Akteur)	1.1.1 Stressoren Arbeit	
Eine Umfrage unter Betriebsräten zeige, dass in 84 Prozent der Betriebe große Teile der Mitarbeiter ständig unter hohem Zeit- und Leistungsdruck stehen.	Eine Umfrage unter Betriebsräten zeige, dass in 84 Prozent der Betriebe große Teile der Mitarbeiter ständig unter hohem Zeit- und Leistungsdruck stehen.	Hans-Böckler-Stiftung (Akteur)	1.1.1 Stressoren Arbeit	Hier wird nicht nach Zeit- und Leistungsdruck unterschieden, da nach den Begriffen vermutet sowie nach dem Satzkontext offenbar ein und das gleiche gemeint ist.

Trotzdem haben die Arbeitgeber die „Psyche als Produktivitätsrisiko" erkannt und sehen, dass sie bei der Beruf auch krank machen kann.	Arbeitgeber ziehen in Betracht, dass der Beruf zu psychischen Störungen führen kann.	Autor	1.1.1 Stressoren Arbeit
In Frankreich lässt sich France Télécom die Stressprävention jetzt eine Milliarde Euro kosten.	In Frankreich lässt sich France Télécom die Stressprävention jetzt eine Milliarde Euro kosten.	Autor	1.1.2 Ressourcen Arbeit
Deutsche Mitarbeiter in großen Unternehmen können Hotlines anrufen, Fragebögen zum Selbsttest ausfüllen (siehe Test unten) oder um Termine beim Betriebspsychologen bitten.	Deutsche Mitarbeiter in großen Unternehmen können, wenn sie psychische Probleme bei sich sehen oder ihnen vorbeugen wollen, Hilfe über eine Telefon-Hotline suchen.	Autor	1.1.2 Ressourcen Arbeit
Gleicher Satz	Deutsche Mitarbeiter in großen Unternehmen können, wenn sie psychische Probleme bei sich sehen oder ihnen vorbeugen wollen, Fragebögen zum Selbsttest ausfüllen.	Autor	1.1.2 Ressourcen Arbeit
Gleicher Satz	Deutsche Mitarbeiter in großen Unternehmen können, wenn sie psychische Probleme bei sich sehen oder ihnen vorbeugen wollen, den Betriebspsychologen konsultieren.	Autor	1.1.2 Ressourcen Arbeit
Dafür müssen sie aber erst einmal merken, wie es um sie steht.	Die Mitarbeiter müssen zunächst die Anfänge von Problemen bemerken, bevor sie Hilfe suchen können.	Autor	2.2 Bewertungs- und Bewältigungsprozesse
„Es gilt, ungute Gefühle zu erkennen und zu bekämpfen, bevor ernsthafte psychische Probleme entstehen", sagt Mirjam Gollenia, Psychotherapeutin und Coach in Hamburg.	Es gilt, ungute Gefühle zu erkennen und zu bekämpfen, bevor ernsthafte psychische Probleme entstehen.	Mirjam Gollenia, Psychotherapeutin und Coach in Hamburg (Experte)	2.2 Bewertungs- und Bewältigungsprozesse
„Die Betroffenen sind sich oft nicht bewusst, wie stark ihr Gefühlsleben von ihren Arbeitsbedingungen geprägt ist, und suchen die Schuld bei sich selbst", sagt Thomas Rigotti, Arbeitspsychologe an der Universität Leipzig.	Die Betroffenen sind sich oft nicht bewusst, wie stark ihr Gefühlsleben von ihren Arbeitsbedingungen geprägt ist, und suchen die Schuld bei sich selbst.	Thomas Rigotti (Experte)	2.2 Bewertungs- und Bewältigungsprozesse

(Fortsetzung auf S. 102)

9. (Fortsetzung)

Textstelle	Relevante Aussage	Quelle der Aussage	Einordnung	Bemerkungen
Ratgeberbücher suggerieren, dass jeder Job gleich frustanfällig sei.	Jeder Job ist gleich frustanfällig.	Ratgeberbücher (Experte)	1.1.1 Stressoren Arbeit	
So bleibt der Genervte lieber, wo er ist – und aus Frust wird Krankheit.	Leichte Probleme entwickeln sich zu psychischen Störungen, weil die Betroffenen keinen Spielraum zur Bewältigung sehen.	Autor	2.2 Bewertungs- und Bewältigungsprozesse	
„Besser ist es, in einem ersten Schritt ehrliche Ursachenforschung zu betreiben, ob das Privat- oder das Berufsleben einen unglücklich macht", sagt Rigotti.	Ein möglicher Grund für das Empfinden von Unglück ist das Berufsleben.	Thomas Rigotti (Experte)	1.1.1 Stressoren Arbeit	
Gleicher Satz	Ein möglicher Grund für das Empfinden von Unglück ist das Privatleben.	Thomas Rigotti (Experte)	1.2.1 Stressoren Privatleben	
Im zweiten Schritt gelte es, die Kontrolle zurückzugewinnen: durch Gespräche mit Vorgesetzten, aber auch durch den Abschied von übersteigerten Erwartungen an sich selbst.	Gespräche mit Vorgesetzten können helfen, die Kontrolle zurückzugewinnen.	Thomas Rigotti (Experte)	3.1 Interaktionen Personen – Bedingungen	
Gleicher Satz	Der Abschied von übersteigerten Erwartungen an sich selbst kann helfen, die Kontrolle zurückzugewinnen.	Thomas Rigotti (Experte)	2.2 Bewertungs- und Bewältigungsprozesse	
Die Persönlichkeit des Mitarbeiters und die Kultur des Unternehmens entscheiden maßgeblich darüber, wie resistent Arbeitnehmer gegen psychische Belastungen sind, beobachten Psychologen und Ärzte.	Die Persönlichkeit des Mitarbeiters entscheidet maßgeblich darüber, wie resistent er gegen psychische Belastungen ist.	Psychologen und Ärzte (Experte)	2.1 Personale Risikofaktoren und Ressourcen	
Gleicher Satz	Die Kultur des Unternehmens entscheidet maßgeblich darüber, wie resistent die Mitarbeiter gegen psychische Belastungen sind.	Psychologen und Ärzte (Experte)	1.1.2 Ressourcen Arbeit	
Bildungsgrad, Geschlecht, Alter oder Branche seien eher unwichtig.	Der Bildungsgrad sei für die Resistenz eher unwichtig.	Psychologen und Ärzte (Experte)	2.1 Personale Risikofaktoren und Ressourcen	Codieranweisung: Auch die Negation wird gezählt. Denn: auch so wird das Thema dem Leser vermittelt.

Gleicher Satz	Das Geschlecht sei für die Resistenz eher unwichtig.	Psychologen und Ärzte (Experte)	2.1 Personale Risikofaktoren und Ressourcen
Gleicher Satz	Das Alter sei für die Resistenz eher unwichtig.	Psychologen und Ärzte (Experte)	2.1 Personale Risikofaktoren und Ressourcen
Gleicher Satz	Die Branche sei für die Resistenz eher unwichtig.	Psychologen und Ärzte (Experte)	1.1.2 Ressourcen Arbeit
Wichtiger als die Branche sei, ob das private Umfeld stimme, ob die beruflichen Sorgen von einer stabilen Familie aufgefangen würden.	Wichtiger als die Branche sei, ob das private Umfeld stimme.	Psychologen und Ärzte (Experte)	1.2.2 Ressourcen Privatleben
Gleicher Satz	Wichtiger als die Branche sei, ob die beruflichen Sorgen von einer stabilen Familie aufgefangen würden.	Psychologen und Ärzte (Experte)	1.2.2 Ressourcen Privatleben
Insofern haben die Fachleute doch Risikobranchen ausgemacht, nämlich die, in denen viel gereist wird, wo viele Singles arbeiten und wenig gelobt wird.	Risikoreich für die psychische Gesundheit der Beschäftigen sind Branchen, in denen viel gereist wird.	Fachleute (Experte)	1.1.1 Stressoren Arbeit
Gleicher Satz	Ein erhöhtes Risiko für Stressempfindlichkeit haben Singles.	Fachleute (Experte)	1.2.1 Stressoren (und mangelnde Ressourcen) Privatleben
Gleicher Satz	Risikoreich für die psychische Gesundheit der Beschäftigen sind Arbeitsplatzumgebungen, in denen wenig gelobt wird.	Fachleute (Experte)	1.1.1 Stressoren Arbeit

12. „Darum der Freitod", Frankfurter Rundschau, Wirtschaft, 2. 10. 2009

Textstelle	Relevante Aussage	Quelle der Aussage	Einordnung	Bemerkungen
Der 51-jährige Familienvater sprang von einer Autobahnbrücke in den Tod, nachdem er in einem Abschiedsschreiben die Versetzung in ein Callcenter als Ursache für seinen Selbstmord genannt hatte.	Das Selbsttötungsopfer gab im Abschiedsbrief die Versetzung als Ursache für die Tat an.	Autor	Stressoren Arbeit	
Lombard hatte im September von einer „Mode" gesprochen – und sich dafür umgehend entschuldigen müssen.	Es herrscht eine Selbstmord-Mode.	Didier Lombard, Chef der France Télécom (Akteur)	4.2 Sonstige Effekte und Erklärungen	
Von den Medien befragte Psychologen schließen allerdings nicht aus, dass eine Suizidhäufung einen innerbetrieblichen Nachahmungseffekt auslösen könne.	Nachahmungseffekte können der Grund für vergangene und zukünftige Selbsttötungen bei der France Télécom sein.	Psychologen (Experte)	4.1 Nachahmereffekte	
Doch genügt dazu eine interne Versetzung, wie ihn der jüngsten Selbstmordopfern geschehen? Was zunächst wenig plausibel scheint, bestätigt der Journalist Dominique Decèze in seinem Buch „Die Zerstörmaschine", das schon vor der Selbstmordwelle erschienen war.	Versetzungen können maßgebliche Gründe für Selbsttötungen sein.	Dominique Decèze, Journalist (Experte)	1.1.1 Stressoren Arbeit	
Seit 1990 hätten bei FT und Orange „mehrere zehntausend Angestellte ihre Tätigkeit, ihr Statut oder ihren Arbeitsort gewechselt", schreibt Decèze.	Seit 1990 haben bei FT und Orange „mehrere zehntausend Angestellte ihre Tätigkeit, ihr Statut oder ihren Arbeitsort gewechselt", schreibt Decèze.	Dominique Decèze, Journalist (Experte)	1.1.1 Stressoren Arbeit	
Ältere Mitarbeiter sähen sich in ein Callcenter am anderen Ende des Landes versetzt, wo sie Kundenreklamationen entgegennähmen.	Ältere Mitarbeiter sähen sich in ein Callcenter am anderen Ende des Landes versetzt, wo sie Kundenreklamationen entgegennähmen.	Dominique Decèze, Journalist (Experte)	1.1.1 Stressoren Arbeit	
Auffälligerweise wählen meist Mitarbeiter über 50 Jahren bei FT den Freitod.	Auffälligerweise wählen meist Mitarbeiter über 50 Jahren bei FT den Freitod.	Autor	2.1 Personale Risikofaktoren und Ressourcen	
Von ihrer geruhsamen, sozial abgesicherten Tätigkeit der Mitarbeiter über 50 Jahren sei bloß der Kündigungsschutz einstiger Staatsbeamten geblieben, meint der linke Ökonom Eric Maurin.	Von der geruhsamen, sozial abgesicherten Tätigkeit der Mitarbeiter über 50 Jahren ist außer dem Kündigungsschutz nichts geblieben.	Eric Maurin, Ökonom (Experte)	1.1.1 Stressoren Arbeit	Siehe Codieranweisung: Mangelnde Ressourcen sind Stressoren

Dieser „Schutz" verkehre sich aber ins Gegenteil: „Er führt dazu, dass sich die Beschäftigten an einen Job klammern, in dem sie sich nicht sehr glücklich fühlen – statt sich nach einer weniger geschützten Arbeit umzusehen."	Der Kündigungsschutz begünstigt das Festhalten an ungeliebten Arbeitsverhältnissen.	Eric Maurin, Ökonom (Experte)	3.1 Interaktionen zwischen Person und Bedingungen
Statistisch gesehen sei es heute auch für Ältere einfacher, einen ähnlichen Job zu finden als vor zwanzig oder dreißig Jahren. Zugenommen habe aber die Angst vor schlechteren Arbeitsbedingungen.	Statistisch gesehen ist es heute auch für Ältere einfacher, einen ähnlichen Job zu finden als vor zwanzig oder dreißig Jahren.	Eric Maurin, Ökonom (Experte)	2.1 Personale Risikofaktoren und Ressourcen
Gleicher Satz	Die Angst vor schlechteren Arbeitsbedingungen hat zugenommen.	Eric Maurin, Ökonom (Experte)	2.1 Personale Risikofaktoren und Ressourcen
Bei einem brutal privatisierten Staatsbetrieb wie FT sei dies noch ausgeprägter.	Die Privatisierung bei France Télécom hat die Angst vor schlechteren Arbeitsbedingungen weiter verstärkt.	Eric Maurin, Ökonom (Experte)	1.1.1 Stressoren Arbeit
Letztlich zeige sich „die allgemeine Angst der europäischen Mittelklasse vor der beruflichen Deklassierung" in einen ungeschützten Job voller Stress und ohne Beförderungsaussichten.	Die Angestellten haben Angst vor der beruflichen Deklassierung.	Eric Maurin, Ökonom (Experte)	1.1.1 Stressoren Arbeit
Gleicher Satz	Die Angestellten haben Angst vor einem ungeschützten Job.	Eric Maurin, Ökonom (Experte)	1.1.1 Stressoren Arbeit
Gleicher Satz	Die Angestellten haben Angst vor einem durch viel Stress gekennzeichneten Job.	Eric Maurin, Ökonom (Experte)	1.1.1 Stressoren Arbeit
Gleicher Satz	Die Angestellten haben Angst vor einem Job ohne Beförderungsaussichten.	Eric Maurin, Ökonom (Experte)	1.1.1 Stressoren Arbeit

13. „Das Management hat versagt", Frankfurter Rundschau, Wirtschaft, 18.12.2009

Textstelle	Relevante Aussage	Quelle der Aussage	Einordnung	Bemerkungen
Studie: Suizide bei France Télécom hängen mit Führungsschwäche zusammen.	Laut einer Studie hängen die Suizide bei FT mit Führungsschwäche zusammen.	Autor	1.1.1 Stressoren Arbeit	Hervorhebung – Unterzeile
Nur noch 39 Prozent sind stolz darauf, bei France Télécom tätig zu sein.	Nur 39 Prozent der Mitarbeiter sind stolz darauf, bei France Télécom tätig zu sein.	Studie Beratungsfirma Technologia (Experte)	3.1 Interaktion Person – Bedingungen	
In Abschiedsbriefen werden meist berufliche Gründe angegeben.	In den Abschiedsbriefen der Selbsttötungsopfer werden meist berufliche Gründe angegeben.	Autor	1.1.1 Stressoren Arbeit	
Die Regierung hat sich eingeschaltet, das Management hat ein Sofortprogramm gestartet.	Das Management hat ein Sofortprogramm zur Verhinderung weiterer Selbsttötungen gestartet.	Autor	1.1.2 Ressourcen Arbeit	
Dazu gehören ein Versetzungsstopp, eine bessere medizinische Kontrolle – und die Erforschung des Betriebsklimas.	Das Management von France Télécom hat einen Versetzungsstopp verordnet.	Autor	1.1.2 Ressourcen Arbeit	
Gleicher Satz	Das Management hat eine bessere medizinische Kontrolle verordnet.	Autor	1.1.2 Ressourcen Arbeit	
Da sieht es laut der Gewerkschaft CGC „sehr düster" aus.	Das Betriebsklima ist sehr düster.	Gewerkschaft CGC (Akteur)	1.1.1 Stressoren Arbeit	
55 Prozent der Befragten geben an, sie seien an ihrem Arbeitsplatz unzufrieden.	55 Prozent der Befragten geben an, sie seien an ihrem Arbeitsplatz unzufrieden.	Gewerkschaft CGC (Akteur)	3.1 Interaktion Person – Bedingungen	
„Die Stimmung im Betrieb ist gespannt, zum Teil aggressiv", meint das Beraterbüro in seinen Schlussfolgerungen.	Die Stimmung im Betrieb ist gespannt, zum Teil aggressiv.	Studie Beratungsfirma Technologia (Experte)	1.1.1 Stressoren Arbeit	
Die allgemeine Befindlichkeit habe sich stark verschlechtert, vor allem in puncto Stress und gesundheitlicher Belastungen am Arbeitsplatz.	Am Arbeitsplatz herrscht zunehmend Stress.	Studie Beratungsfirma Technologia (Experte)	1.1.1 Stressoren Arbeit	
Sie leiden nicht nur unter Arbeitsverdichtung und Zeitdruck, sondern verdienen auch schlecht.	Die Mitarbeiter mit sog. „einfachen Jobs" leiden unter Arbeitsverdichtung.	Studie Beratungsfirma Technologia (Experte)	1.1.1 Stressoren Arbeit	

Gleicher Satz	Die Mitarbeiter mit sog. „einfachen Jobs" leiden unter Zeitdruck.	Studie Beratungsfirma Technologia (Experte)	1.1.1 Stressoren Arbeit
Gleicher Satz	Die Mitarbeiter mit sog. „einfachen Jobs" verdienen schlecht.	Studie Beratungsfirma Technologia (Experte)	1.1.1 Stressoren Arbeit
„Das sind genau die Jobs, bei denen die Direktion die Auslagerung von Arbeitsplätzen sowie die Kurzzeitverträge intensiviert hat", sagt dazu der CGC-Delegierte Sébastien Crozier.	Bei den sog. „einfachen Jobs" (Autor) hat die Direktion die Auslagerung von Arbeitsplätzen intensiviert.	Sébastien Crozier, Delegierter der Gewerkschaft CGC (Akteur)	1.1.1 Stressoren Arbeit
Gleicher Satz	Bei den sog. „einfachen Jobs" (Autor) hat die Direktion die Kurzzeitverträge intensiviert.	Sébastien Crozier, Delegierter der Gewerkschaft CGC (Akteur)	1.1.1 Stressoren Arbeit
Das Management agiert mit internen Versetzungen, wobei die Qualifikation oft nur eine untergeordnete Rolle spielt.	Das Management agiert mit internen Versetzungen, wobei die Qualifikation oft nur eine untergeordnete Rolle spielt.	Autor	1.1.1 Stressoren Arbeit
Bei vielen Suiziden waren Versetzungen oder Rückstufungen ein wichtiger Faktor.	Bei vielen Suiziden waren Versetzungen oder Rückstufungen ein wichtiger Faktor.	Autor	1.1.1 Stressoren Arbeit
Gleicher Satz	Bei vielen Suiziden waren Rückstufungen ein wichtiger Faktor.	Autor	1.1.1 Stressoren Arbeit
Die Technologia-Experten haben die Verantwortlichen ausgemacht: Beim permanenten Konzernumbau bekämen die Angestellten ständig neue Vorgesetzte, und mangels eines klaren Hierarchieaufbaus gäbe es oft Reibereien zwischen den Zentral- und den Gebietsdirektionen.	Beim permanenten Konzernumbau bekommen die Angestellten ständig neue Vorgesetzte.	Studie Beratungsfirma Technologia (Experte)	1.1.1 Stressoren Arbeit
Gleicher Satz	Mangels eines klaren Hierarchieaufbaus gibt es oft Reibereien zwischen den Zentral- und den Gebietsdirektionen.	Studie Beratungsfirma Technologia (Experte)	1.1.1 Stressoren Arbeit
Konzernchef Didier Lombard will nun im Januar einen Aktionsplan vorlegen, um die Suizidserie zu stoppen.	Konzernchef Didier Lombard will nun im Januar einen Aktionsplan vorlegen, um die Suizidserie zu stoppen.	Autor	1.1.2 Ressourcen Arbeit

14. „Die Leute zahlen mit ihrem Leben", Freitag, Politik, 29.10.2009

Textstelle	Relevante Aussage	Quelle der Aussage	Einordnung	Bemerkungen
Die neue Firma wurde an der Börse notiert und stand nun unter scharfem Konkurrenzdruck, der im Wesentlichen auf die Mitarbeiter abgewälzt wurde.	Die Teilprivatisierung der France Télécom wirkte sich negativ auf die Mitarbeiter aus.	Autor	1.1.1 Stressoren Arbeit	
Seit 1996 wurden bei France Telecom rund 70.000 Stellen abgebaut.	Seit 1996 wurden bei France Telecom rund 70.000 Stellen abgebaut.	Autor	1.1.1 Stressoren Arbeit	
Nach dem momentan geltenden Modernisierungsprogramm sollen weitere 22.000 Stellen gestrichen und 7.000 Mitarbeiter versetzt werden.	Nach dem momentan geltenden Modernisierungsprogramm sollen weitere 22.000 Stellen gestrichen werden.	Autor	1.1.1 Stressoren Arbeit	
Gleicher Satz	Nach dem momentan geltenden Modernisierungsprogramm sollen 7.000 Mitarbeiter versetzt werden.	Autor	1.1.1 Stressoren Arbeit	
Auf der gesamten Belegschaft lastete und lastet ein ungeheurer Druck, der durch die Aussichtslosigkeit, nach der Entlassung eine neue Stelle zu finden, noch verschärft wird.	Die Arbeitsbedingungen sind geeignet, die Mitarbeiter unter Druck zu setzen.	Autor	1.1.1 Stressoren Arbeit	
Gleicher Satz	Die Chancen, nach der Entlassung eine Stelle zu finden, sind sehr schlecht.	Autor	1.1.1 Stressoren Arbeit	
Dazu kamen Arbeitsstress, Konkurrenz und hohe Leistungserwartungen.	Bei France Télécom herrschten Bedingungen, die geeignet waren, Stress bei den Beschäftigten zu verursachen.	Autor	1.1.1 Stressoren Arbeit	
Gleicher Satz	Bei France Télécom herrschte Konkurrenzdruck.	Autor	1.1.1 Stressoren Arbeit	
Gleicher Satz	Bei France Télécom herrschten hohe Leistungserwartungen.	Autor	1.1.1 Stressoren Arbeit	
Vielen Mitarbeitern wurden unrealistische Ziele gesetzt, andere – zum Beispiel die Mitarbeiter in den Call Centers und die im Reparaturservice Beschäftigten – standen unter permanenter elektronischer Beobachtung oder Überwachung durch Anrufe bei den Kunden unter dem beschönigenden Begriff „Zufriedenheitsumfragen".	Vielen Mitarbeitern der France Télécom wurden unrealistische Ziele gesetzt.	Autor	1.1.1 Stressoren Arbeit	

Gleicher Satz	Mitarbeiter standen unter permanenter elektronischer Beobachtung.	Autor	1.1.1 Stressoren Arbeit
Gleicher Satz	Mitarbeiter wurden durch Anrufe bei den Kunden überwacht.	Autor	1.1.1 Stressoren Arbeit
Didier Lombard, der Präsident von France Telecom, wurde zu Arbeitsminister Xavier Dareos zitiert und erklärte danach: „Diese Suizid-Mode muss aufhören".	Die Selbsttötungen sind eine Modeerscheinung.	Didier Lombard, Präsident von France Télécom (Akteur)	4.2 Sonstige Effekte und Erklärungen
Tags darauf erklärte France Telecom, die Pläne für den Konzernumbau würden bis Ende Oktober auf Eis gelegt, Zwangsversetzungen bis Dezember eingestellt.	Die geplanten Umstrukturierungen werden unterbrochen.	France Télécom (Akteur)	1.1.2 Ressourcen Arbeit
Gleicher Satz	Zwangsversetzungen werden vorläufig eingestellt.	France Télécom (Akteur)	1.1.2 Ressourcen Arbeit
Denn es wurde ein Abschiedsbrief bekannt, in dem es unter anderem hieß: „Der permanente Druck, die Überlastung, die fehlende Weiterbildung, die Desorganisation und das Management mit seinem Terror" hätten dermaßen entmutigt, dass es keinen Ausweg mehr gab.	Es herrschte permanenter Druck.	Abschiedsbrief von Mitarbeiter (Akteur)	1.1.1 Stressoren Arbeit
Gleicher Satz	Es herrschte Überlastung.	Abschiedsbrief von Mitarbeiter (Akteur)	1.1.1 Stressoren Arbeit
Gleicher Satz	Es fehlte an Weiterbildung.	Abschiedsbrief von Mitarbeiter (Akteur)	1.1.1 Stressoren Arbeit
Gleicher Satz	Es herrschte Desorganisation.	Abschiedsbrief von Mitarbeiter (Akteur)	1.1.1 Stressoren Arbeit
Gleicher Satz	Das Management hat Terror auf die Beschäftigten ausgeübt.	Abschiedsbrief von Mitarbeiter (Akteur)	1.1.1 Stressoren Arbeit
Der Soziologe Willy Pelletier sprach von einem „Wirtschaftskrieg", den France Telecom gegen die eigenen Angestellten führe: „Die Leute zahlen mit ihrem Leben für unsere Niederlage gegen den Liberalismus."	France Télécom führt einen „Wirtschaftskrieg" gegen die eigenen Angestellten.	Soziologe Willy Pelletier (Experte)	1.1.1 Stressoren Arbeit

(Fortsetzung auf S. 110)

14. (Fortsetzung)

Textstelle	Relevante Aussage	Quelle der Aussage	Einordnung	Bemerkungen
France Telecom reagierte auf derartige Vorwürfe inzwischen mit der Einstellung zusätzlicher Betriebsärzte und Psychologen.	France Télécom stellte zusätzliche Betriebsärzte ein.	Autor	1.1.2 Ressourcen Arbeit	Sie könnten auch präventiv tätig sein – daher Ressourcen
Gleicher Satz	France Télécom stellte zusätzliche Psychologen ein.	Autor	1.1.2 Ressourcen Arbeit	ebenso
Der Soziologe Andre Vacquin erklärte die Zuspitzung mit den Veränderungen der Arbeitsbedingungen im Zeichen ultraliberaler Werte und der zu Depressionen führenden Ohnmacht, das vorgegebene Soll für die Vermittlung von Arbeitslosen gerade jetzt während der Wirtschafts- und Finanzkrise zu erfüllen.	Die Selbsttötungen bei der staatlichen Arbeitsagentur Pole emploi sind teilweise auf die Veränderungen der Arbeitsbedingungen zurückzuführen.	Soziologe André Vacquin (Experte)	1.1.1 Stressoren Arbeit	
Gleicher Satz	Die Selbsttötungen bei der staatlichen Arbeitsagentur Pole emploi sind teilweise darauf zurückzuführen, dass das vorgegebene Soll für die Vermittlung von Arbeitslosen während der Wirtschaftskrise kaum zu erfüllen ist.	Soziologe André Vacquin (Experte)	1.1.1 Stressoren Arbeit	
Die Mitarbeiter lebten in ständiger Angst und fühlten sich als Versager, was durch einen ruppigen Führungsstil der Geschäftsleitung noch befördert werde.	Der Führungsstil der Geschäftsleitung von Pole emploi beförderte negative Gefühle unter den Beschäftigten.	Soziologe André Vacquin (Experte)	3.1 Interaktionen Person – Bedingungen	
Bei „normalen" Selbstmördern gibt es oft verschiedene Motive, während bei France Telecom die Gründe für einen Suizid in der Regel allein auf die Arbeitsbedingungen zurückzuführen sind.	In der Regel führt eine Kombination verschiedener Motive zur Selbsttötung.	Autor	5.3 Erwähnung Vielfältigkeit	
Gleicher Satz	Bei France Telecom sind die Gründe für einen Suizid in der Regel allein auf die Arbeitsbedingungen zurückzuführen.	Autor	1.1.1 Stressoren Arbeit	
Andere Analysten weisen auf die hohe Zahl von Selbstmördern bei Polizisten und Lehrern.	Arbeitsdruck ist bei Polizisten und Lehrern ebenfalls gestiegen.	Autor	1.1.1 Stressoren Arbeit	

Textstelle	Relevante Aussage	Quelle der Aussage	Einordnung	Bemerkungen
hin (35 und 39 auf je 100.000 Polizisten beziehungsweise Lehrer), die natürlich nichts erklären, sondern allenfalls belegen, dass Arbeits- und Leistungsdruck sowie Überforderung bei diesen Berufsgruppen ebenso gestiegen sind wie bei France Telecom.				
Gleicher Satz	Leistungsdruck ist bei Polizisten und Lehrern ebenfalls gestiegen.	Autor	1.1.1 Stressoren Arbeit	
Gleicher Satz	Überforderung ist bei Polizisten und Lehrern ebenfalls gestiegen.	Autor	1.1.1 Stressoren Arbeit	
Betriebsklima und Stimmung dort sind unter Umständen einfach tödlich.	Das Betriebsklima führt bei France Télécom teilweise zur Selbsttötung.	Autor	1.1.1 Stressoren Arbeit	
Betriebsklima und Stimmung dort sind unter Umständen einfach tödlich.	Die Stimmung führt bei France Télécom teilweise zur Selbsttötung.	Autor	1.1.1 Stressoren Arbeit	

21. „Männer", Süddeutschen Zeitung, Wochenende, 14. 8. 2009

Textstelle	Relevante Aussage	Quelle der Aussage	Einordnung	Bemerkungen
Seit Februar 2008 gab es bei France Télécom 18 Selbstmorde. Mittlerweile stirbt dort jeden Monat ein Beschäftigter durch Freitod. Es sind vor allem Männer um die 50, die um ihre Existenz bangen.	Männer um die 50 sind bei France Télécom besonders oft von Selbsttötungen betroffen.	Susan Pinker, Buchautorin (Expertin)	2.1 Personale Risikofaktoren und Ressourcen	
Nur 29 Prozent der Männer reden mit Freunden über ihre Probleme, aber 53 Prozent der Frauen.	Männer reden weniger über psychische Probleme.	Susan Pinker, Buchautorin (Expertin)	2.2 Bewertungs- und Bewältigungsprozesse	

22. „Vorsicht Nachahmer", Süddeutsche Zeitung, Wirtschaft, 22. 8. 2009

Textstelle	Relevante Aussage	Quelle der Aussage	Einordnung	Bemerkungen
Vorsicht Nachahmer.	Es besteht die Gefahr von Nachahmereffekten bei der France Télécom.	Autor	4.1 Nachahmereffekte	Hervorhebung – Titel
Selbstmörder in Unternehmen können eine Kettenreaktion auslösen.	Selbstmörder in Unternehmen können eine Kettenreaktion auslösen.	Autor	4.1 Nachahmereffekte	Hervorhebung – Unterzeile
Doch keine wissenschaftliche Studie weist darauf hin, dass der Leistungsdruck in Frankreich höher wäre als in anderen Industriestaaten.	Kein Indiz weist darauf hin, dass die Selbsttötungen am Arbeitsplatz in französischen Unternehmen auf erhöhten Leistungsdruck zurückzuführen sind.	Autor	5.1 Relativierung monokausaler Erklärungen	
Auch Mobbing ist dort nicht weiter verbreitet als anderswo in Europa.	Kein Indiz weist darauf hin, dass die Selbsttötungen am Arbeitsplatz in französischen Unternehmen im Vergleich stärkeres Mobbing-Aufkommen zurückzuführen sind.	Autor	5.1 Relativierung monokausaler Erklärungen	
Und noch nehmen sich in Frankreich Schätzungen zufolge 300 bis 500 Menschen jährlich das Leben, weil ihnen der chronische Stress am Arbeitsplatz unerträglich geworden ist.	Grund für die Selbsttötungen ist der für die Opfer unerträgliche Stress am Arbeitsplatz.	Autor	1.1.1 Stressoren Arbeit	
Und doch gibt es ein Phänomen, das etwas Licht in das mysteriöse Gesetz der Serie bringen könnte: Laut dem Institut für Arbeitsschutz besteht in Unternehmen, in denen sich jemand umbringt, eine Art Ansteckungsgefahr.	Es besteht in Unternehmen, in denen sich jemand tötet, vermehrte Gefahr für weitere Selbsttötungen.	Institut für Arbeitsschutz (Experte)	4.1 Nachahmereffekte	
Der Selbstmord eines Kollegen findet demzufolge Nachahmer, weil diese glauben, der Freitod sei der einzige Weg, die Probleme zu lösen.	Der Selbstmord eines Kollegen findet Nachahmer, weil diese glauben, der Freitod sei der einzige Weg, die Probleme zu lösen.	Institut für Arbeitsschutz (Experte)	4.1 Nachahmereffekte	
Die Universität Stockholm hat diesen Nachahmereffekt wissenschaftlich vor kurzem belegt.	Der Nachahmer-Effekt ist wissenschaftlich belegt.	Universität Stockholm (Experte)	4.1 Nachahmereffekte	
Sie sollten deshalb sofort handeln, wenn ein Mitarbeiter sich das Leben nimmt, und sich darum bemühen, das Arbeitsklima rasch zu verbessern.	Der Arbeitgeber sollte auf Selbsttötungen mit der Schaffung von Ressourcen und/oder dem Abbau von Stressoren reagieren.	Autor	1.1.2 Ressourcen Arbeit	
Nur eine Telefonseelsorge einzurichten, reicht nicht, um das Versäumte gutzumachen.	Eine Telefonseelsorge ist keine ausreichende Ressource.	Autor	1.1.2 Ressourcen Arbeit	
Das Thema sollte enttabuisiert werden.	Das Thema sollte enttabuisiert werden.	Autor	1.1.2 Ressourcen Arbeit	

23. „Tödliche Worte", Süddeutsche Zeitung, Wirtschaft, 17. 9. 2009

Textstelle	Relevante Aussage	Quelle der Aussage	Einordnung	Bemerkungen
Arbeitspsychologen glauben nämlich, dass viele Selbstmörder Nachahmer sind.	Viele Selbsttötungen entstehen durch den Nachahmereffekt.	Arbeitspsychologen (Experte)	4.1 Nachahmereffekte	
Bringt sich ein Kollege um, bricht er damit ein Tabu, was andere Mitarbeiter dazu verleitet, im Freitod ebenfalls die Befreiung von ihren Problemen zu suchen.	Erklärung Nachahmereffekt.	Autor	4.1 Nachahmereffekte	
Der Nachahmereffekt birgt die Gefahr von Selbstmordserien.	Der Nachahmereffekt birgt die Gefahr von Selbstmordserien.	Autor	4.1 Nachahmereffekte	
Er wollte auf diese Weise verhindern versetzt zu werden, erklärte er, und hatte offenbar Erfolg.	Der vermeintliche Selbsttötungsversuch eines 32-jährigen FT-Angestellten war Mittel zum Zweck, nicht versetzt zu werden.	Angestellter (Akteur)	4.2 Sonstige Effekte und Erklärungen	
Der vermeintliche Selbstmordversuch war Mittel zum Zweck in einem Arbeitskonflikt.	Der vermeintliche Selbsttötungsversuch eines 32-jährigen FT-Angestellten war Mittel zum Zweck, nicht versetzt zu werden.	Autor	4.2 Sonstige Effekte und Erklärungen	
Er relativierte damit die gegenwärtige Malaise im Unternehmen auf zynische Weise.	Der Personalchef von France Télécom nimmt Problemen seiner Beschäftigten gegenüber eine zynische Haltung ein.	Autor	1.1.1 Stressoren Arbeit	
Zudem gab er unfreiwillig zu erkennen, dass seither nichts oder zumindest nichts Wirkungsvolles getan wurde, um gegenzusteuern.	Der Personalchef von France Télécom gab unfreiwillig zu erkennen, dass keine wirkungsvollen Maßnahmen gegen die Selbsttötungen unternommen wurden.	Autor	1.1.2 Ressourcen Arbeit	
Auch Konzernchef Didier Lombard erwies sich als ungeschickt. Die Regierung hatte ihn dazu gedrängt, öffentlich Stellung zu nehmen. Angesichts der Nachahmer-Gefahr ist dies fragwürdig, denn die Publizität könnte weitere Mitarbeiter auf die Idee bringen, Hand an sich zu legen.	Äußerungen der Geschäftsführer können Nachahmereffekte befördern.	Autor	4.1 Nachahmereffekte	
Lombard sagte vor laufenden Kameras: „Es muss jetzt Schluss sein mit dieser Mode von Selbstmorden."	Die Selbsttötungen sind auf eine Mode zurückzuführen.	Didier Lombard, Geschäftsführer von France Télécom (Akteur)	4.2 Sonstige Effekte und Erklärungen	

(Fortsetzung auf S. 114)

23. (Fortsetzung)

Textstelle	Relevante Aussage	Quelle der Aussage	Einordnung	Bemerkungen
Zudem beschuldigte er, freundlich verpackt, die verbliebenen Beamten im Konzern, nicht anpassungsfähig genug zu sein.	Die Beamten bei France Télécom sind nicht anpassungsfähig genug.	Didier Lombard, Geschäftsführer von France Télécom (Akteur)	2.1 Personale Risikofaktoren und Ressourcen	
Kurzum: Er redete sich um Kopf und Kragen und gab nicht zu erkennen, viel von der Dramatik dessen begriffen zu haben, was sich in dem von ihm geführten Konzern abspielt.	Der Konzernchef begreift die Probleme seiner Angestellten nicht.	Autor	1.1.1 Stressoren Arbeit	
Natürlich gibt es inzwischen die in solchen Fällen übliche Seelsorge-Hotline.	France Télécom hat eine Seelsorge-Hotline eingerichtet.	Autor	1.1.2 Ressourcen Arbeit	
Und France Télécom bekommt sogar einen staatlichen Aufseher, der über den Gesundheitszustand der Mitarbeiter wacht.	France Télécom bekommt einen staatlichen Aufseher, der den Gesundheitszustand der Mitarbeiter beobachtet.	Autor	1.1.2 Ressourcen Arbeit	
Dutzende externe Personalexperten sollen zudem Mitarbeiter in Not frühzeitig erkennen.	Externe Personalexperten sollen bei France Télécom früh Mitarbeiter mit psychischen Problemen identifizieren.	Autor	1.1.2 Ressourcen Arbeit	
Um das Übel an der Wurzel zu packen, müsste sich der Konzern aber auf einen langwierigen, rein intern ausgetragenen Prozess einlassen, dessen Ziel es ist, die Ursachen der Misere zu identifizieren und sie zu beheben.	Um das Übel an der Wurzel zu packen, müsste sich der Konzern aber auf einen langwierigen, rein intern ausgetragenen Prozess einlassen, dessen Ziel es ist, die Ursachen der Misere zu identifizieren und sie zu beheben.	Autor	1.1.2 Ressourcen Arbeit	
Das setzt einen Dialog voraus, in dem die einen die Selbstmorde nicht instrumentalisieren und die anderen sie nicht verharmlosen.	Die Behebung der Probleme setzt einen Dialog zwischen Unternehmensführung und Gewerkschaften voraus.	Autor	1.1.2 Ressourcen Arbeit	
Der Wille dazu ist derzeit nicht erkennbar, weder bei Gewerkschaften noch bei der Geschäftsführung.	Weder Unternehmensleitung noch Gewerkschaften zeigen einen Willen zur tiefgreifenden Ursachenforschung, die für die Behebung der Probleme nötig ist.	Autor	1.1.2 Ressourcen Arbeit	

25. „Ohnmacht und Revolte", Süddeutsche Zeitung, Feuilleton, 30. 9. 2009

Textstelle	Relevante Aussage	Quelle der Aussage	Einordnung	Bemerkungen
In letzter Zeit wird die französische Öffentlichkeit mit einer verstörenden Form des Protests konfrontiert, die Politiker und Firmenchefs in immer größere Verlegenheit bringt. Die Berichte über Selbsttötungen am Arbeitsplatz reißen nicht ab.	Die Selbsttötungen am Arbeitsplatz in Frankreich sind eine Form des Protests.	Autor	4.2 Sonstige Effekte und Erklärungen	
Zwei Wochen zuvor sprang in der Pariser Konzernzentrale eine Angestellte, die am selben Tag über Umbesetzungen in ihrer Abteilung unterrichtet worden war, aus dem Fenster.	Ein Zusammenhang zwischen den Umbesetzungen und der Selbsttötung ist möglich.	Autor	1.1.1 Stressoren Arbeit	
In ihrem Abschiedsbrief schrieb die 32-Jährige, sie wolle eher sterben, als unter ihrem neuen Chef arbeiten.	Die Selbsttötung lag möglicherweise auch am neuen Vorgesetzten.	Mitarbeiterin (Akteur)	1.1.1 Stressoren Arbeit	
Wenige Tage zuvor hatte sich ein Techniker des ehemaligen Staatskonzerns vor Kollegen ein Messer in den Bauch gerammt. Er überlebte den Suizidversuch und sagte später, er habe mit seiner Aktion gegen die Arbeitsbedingungen demonstrieren wollen.	Der Selbstmordversuch des Technikers war ein Versuch, gegen die Arbeitsbedingungen zu demonstrieren.	Mitarbeiter (Akteur)	4.2 Sonstige Effekte und Erklärungen	
Wie ein makabrer Protestschrei nimmt sich der öffentliche Abschiedsbrief eines Mitarbeiters aus, der sich im Juli das Leben nahm: „Ich habe mich wegen meiner Arbeit bei France Télécom umgebracht. Das ist der einzige Grund: permanenter Druck, Arbeitsüberlastung, fehlende Weiterbildung, Desorganisation des Unternehmens, Terrormanagement."	Die Arbeitsbedingungen sind der Grund für die Selbsttötung.	Mitarbeiter (Akteur)	1.1.1 Stressoren Arbeit	
Gleicher Satz	Permanenter Druck war ein Grund für die Selbsttötung.	Mitarbeiter (Akteur)	1.1.1 Stressoren Arbeit	
Gleicher Satz	Arbeitsüberlastung war ein Grund für die Selbsttötung.	Mitarbeiter (Akteur)	1.1.1 Stressoren Arbeit	
Gleicher Satz	Fehlende Weiterbildung war ein Grund für die Selbsttötung.	Mitarbeiter (Akteur)	1.1.1 Stressoren Arbeit	

(Fortsetzung auf S. 116)

25. (Fortsetzung)

Textstelle	Relevante Aussage	Quelle der Aussage	Einordnung	Bemerkung
Gleicher Satz	Desorganisation des Unternehmens war ein Grund für die Selbsttötung.	Mitarbeiter (Akteur)	1.1.1 Stressoren Arbeit	
Gleicher Satz	Unfaires Management war ein Grund für die Selbsttötung.	Mitarbeiter (Akteur)	1.1.1 Stressoren Arbeit	
Gewerkschaftler prangern Stress und schlechten Führungsstil an, die Konzernleitung wies jede Verantwortung aber lange von sich.	Stress ist ein Grund für die Selbsttötungen.	Gewerkschaften (Akteur)	1.1.1 Stressoren Arbeit	
Gleicher Satz	Schlechter Führungsstil ist ein Grund für die Selbsttötungen.	Gewerkschaften (Akteur)	1.1.1 Stressoren Arbeit	
Es handle sich um menschliche Dramen und Einzelschicksale, und bei rund 100.000 Mitarbeitern liege die Zahl der Selbstmorde noch unter dem nationalen Durchschnitt.	Den Selbsttötungen liegen individuelle, nicht verallgemeinerbare Ursachen zugrunde.	Konzernleitung (Akteur)	5.1 Relativierung monokausaler und verallgemeinernder Erklärungen	
Unter den Opfern von France Télécom befanden sich aber auch leitende Angestellte, deren Arbeitsplatz nicht akut bedroht war.	Arbeitsplatzbedrohung war nicht immer Grund für die Selbsttötungen.	Autor	5.1 Relativierung monokausaler und verallgemeinernder Erklärungen	
Konzernchef Didier Lombard sprach schon von einer „Selbstmord-Mode" und musste sich öffentlich für diese Wortwahl entschuldigen, nachdem ihn Arbeitsminister Xavier Darcos zum Rapport bestellt hatte.	Den Selbsttötungen liegt eine Mode zugrunde.	Didier Lombard, Geschäftsführer von France Télécom (Akteur)	4.2 Sonstige Effekte und Erklärungen	
Die Suizidfälle beschränken sich allerdings nicht nur auf France Télécom, wo man alle Umstrukturierungsmaßnahmen bis Ende Oktober gestoppt hat und, nach Worten Lombards, nach einem neuen „contrat social" für das Unternehmen sucht.	Bei der France Télécom wurden die Umstrukturierungen vorläufig gestoppt.	Autor	1.1.2 Ressourcen Arbeit	
Das Land debattiert über seine Selbstmordrate (nach Finnland die zweithöchste in Europa) und fragt sich, ob Managementmethoden angelsächsischer Prägung und die Privatisierung ehemals staatlicher Unternehmen tatsächlich immer mehr Arbeitnehmer bis zum Äußersten treiben.	Möglicherweise sind Managementmethoden angelsächsischer Prägung der Grund für manche der Selbsttötungen.	Das Land (Experte)	1.1.1 Stressoren Arbeit	Experte i. S. v. nicht direkt involviert

Es ist schwer festzustellen, bis zu welchem Grade die bestürzenden Vorkommnisse auf Unzumutbarkeiten am Arbeitsplatz zurückzuführen sind.	Es ist schwer festzustellen, bis zu welchem Grade die bestürzenden Vorkommnisse auf Unzumutbarkeiten am Arbeitsplatz zurückzuführen sind.	Autor	5.1 Relativierung monokausaler Erklärungen
Doch selbst wenn psychopathologische und private Faktoren eine erhebliche Rolle bei dem Entschluss der Lebensmüden gespielt haben mögen, so stellt der Freitod immer auch eine Form des Protests gegen die Außenwelt, einen „Appell an die Anderen" (Erwin Ringel) dar, wie die Suizidforschung seit Emile Dürkheim herausgearbeitet hat.	Psychopathologische Faktoren können eine Rolle bei den Selbsttötungen gespielt haben.	Autor	4.2 Sonstige Effekte und Erklärungen
Gleicher Satz	Private Faktoren können eine Rolle bei den Selbsttötungen gespielt haben.	Autor	1.2.1 Stressoren Privatleben
Gleicher Satz	Auch in diesen Fällen ist die Selbsttötung auch eine Form des Protests gegen die Außenwelt.	Autor	4.2 Sonstige Effekte und Erklärungen
Offenbar funktionieren die Mechanismen menschlicher Zusammenarbeit immer schlechter, die Alleinstellung der Arbeitnehmer – durch flachere und ausdifferenzierte Hierarchien – wird von vielen als Vereinzelung empfunden.	Veränderungen am Arbeitsplatz geben den Angestellten ein Gefühl der Isolation.	Autor	1.1.1 Stressoren Arbeit
In zahlreichen Kommentaren ist zu lesen, wie mühsam die Mitarbeiter im traditionell kollektivistisch organisierten Frankreich mit dem global befeuerten, neuerdings auch innerbetrieblichen Konkurrenzkampf zurechtkommen.	Die Mitarbeiter in Frankreich kommen schwer mit der innerbetrieblichen Konkurrenz zurecht.	zahlreiche Kommentare (Experte)	3.1 Interaktionen zwischen Personen und Bedingungen
Dass Firmen wie France Télécom oder Areva aus dem öffentlichen Dienst hervorgegangen sind, der die Privilegien seiner Bediensteten nicht über Privatisierungen hinweg erhalten konnte, tut ein Übriges.	Dass sich die Arbeitsbedingungen bei France Télécom und Areva verschlechterten, macht die Situation schlimmer.	Autor	1.1.1 Stressoren Arbeit

(Fortsetzung auf S. 118)

25. (Fortsetzung)

Textstelle	Relevante Aussage	Quelle der Aussage	Einordnung	Bemerkungen
Nirgendwo in westlichen Ländern wehren sich Arbeitnehmer so radikal und gewaltsam gegen Umwälzungen in der Arbeitswelt wie in Frankreich.	Nirgendwo in westlichen Ländern wehren sich Arbeitnehmer so radikal und gewaltsam gegen Umwälzungen in der Arbeitswelt wie in Frankreich.	Autor	1.1.1 Stressoren Arbeit	
Sind die 24 Selbstmorde einzig auf Unzumutbarkeiten am Arbeitsplatz zurückzuführen? Inwieweit sind sie ein Appell?	Die Selbsttötungen sind wahrscheinlich unter anderem auf die Arbeitsbedingungen zurückzuführen.	Autor	1.1.1 Stressoren Arbeit	Hervorhebung – Bildunterschrift Readerscan: Oft gelesen!
Gleicher Satz	Die Selbsttötungen sind möglicherweise auch ein Appell.	Autor	4.2 Sonstige Effekte und Erklärungen	
In ihrem Abschiedsbrief schrieb eine Angestellte, sie wolle eher sterben, als unter ihrem neuen Chef zu arbeiten.	Die Selbsttötung lag möglicherweise auch am neuen Vorgesetzten.	Mitarbeiterin (Akteur)	Mitarbeiterin (Akteur)	

52. „Staatsanwalt ermittelt wegen Mobbing gegen France Telecom", Die Welt, Wirtschaft, 12.4.2010

Textstelle	Relevante Aussage	Quelle der Aussage	Einordnung	Bemerkungen
Staatsanwalt ermittelt wegen Mobbing gegen France Télécom.	Möglicherweise kam es bei France Télécom zu Mobbing.	Staatsanwaltschaft (Experte)	1.1.1 Stressoren Arbeit	Hervorhebung – Titel
Die Staatsanwaltschaft Paris leitete nun ein vorläufiges Ermittlungsverfahren wegen Mobbing gegen unbekannt ein.	Möglicherweise kam es bei France Télécom zu Mobbing.	Staatsanwaltschaft (Experte)	1.1.1 Stressoren Arbeit	
Zuvor hatte das Gewerbeaufsichtsamt dem ehemaligen Staatsbetrieb eine „ernsthafte Gefährdung der Mitarbeiter" und „Mobbingmethoden" vorgeworfen.	Der Konzern verwendet Mobbingmethoden.	Gewerbeaufsichtsamt (Experte)	1.1.1 Stressoren Arbeit	
Gewerkschaften machen den massiven Restrukturierungen und den dadurch ausgelösten Druck auf die rund 100.000 französischen Mitarbeiter dafür verantwortlich.	Grund für die Selbsttötungen ist der erhöhte Druck auf die Mitarbeiter.	Gewerkschaften (Akteur)	1.1.1 Stressoren Arbeit	

		Autor		
Innerhalb der vergangenen drei Jahre hat der privatisierte Konzern 22.000 Stellen abgebaut – auf freiwilliger Basis.	In den letzten drei Jahren wurden bei FT 22.000 Stellen abgebaut.		1.1.1 Stressoren Arbeit	
Allerdings seien die Kündigungen nicht ganz so freiwillig erfolgt, kritisieren Arbeitnehmervertreter.	Die Kündigungen sind teilweise unfreiwillig erfolgt.	Gewerkschaften (Akteur)	1.1.1 Stressoren Arbeit	
Die Personalleitung habe mit Absicht ein krankmachendes System geschaffen, um Mitarbeiter wegzuekeln, sagt Patrick Ackermann, Sprecher der Gewerkschaft SUD-Ptt.	Die Personalleitung der FT hat schlechte Bedingungen geschaffen, um Leute wegzuekeln.	Gewerkschaftssprecher Patrick Ackermann (Akteur)	1.1.1 Stressoren Arbeit	
Bei France Télécom sei bewusst Druck, ja sogar Psychoterror ausgeübt worden, hatte der Bericht bemängelt.	Bei FT wurde bewusst Druck auf die Mitarbeiter ausgeübt.	Bericht Gewerkschaft (Akteur)	1.1.1 Stressoren Arbeit	
Gleicher Satz	Bei FT wurde Psychoterror auf die Mitarbeiter ausgeübt.	Bericht Gewerkschaft (Akteur)	1.1.1 Stressoren Arbeit	
Lombard, der letztes Jahr im Zusammenhang mit den Selbstmorden zunächst von einer „Mode" gesprochen hatte, räumte kurz vor seinem Rückzug Fehler ein: „Was die dramatischen Ereignisse der vergangenen Monate angeht, hätte ich gewiss früher handeln sollen", sagte er.	Die Selbsttötungen sind eine Mode.	Früherer FT-Chef Didier Lombard (Akteur)	4.2 Andere Effekte und Erklärungen	
Gleicher Satz	Didier Lombard hätte früher handeln sollen, um weitere Selbsttötungen zu unterbinden.	Früherer FT-Chef Didier Lombard (Akteur)	1.1.2 Ressourcen Arbeit	
Die Rechtsanwältin von France Télécom, Claudia Chemarin, wies alle Mobbing-Vorwürfe zurück. „Zu sagen, dass die Firmenpolitik, die angewandt wurde, um in einer wirtschaftlich schwierigen Phase Arbeitsplätze zu erhalten, direkt für die Selbstmorde verantwortlich ist, ist eine Vereinfachung. Das entspricht nicht der Wirklichkeit", sagte sie.	Der Führungsstil bei FT ist nicht allein für die Selbsttötungen verantwortlich.	Claudia Chemarin, Rechtsanwältin von FT (Akteur)	5.1 Relativierung monokausaler und verallgemeinernder Erklärungen von Selbsttötungen	
„Man muss jeden Selbstmord einzeln auf seinen Kontext unter die Lupe nehmen."	Die Gründe für Selbsttötungen sind von Fall zu Fall unterschiedlich.	Claudia Chemarin, Rechtsanwältin von FT (Akteur)	5.3 Erwähnung der Vielfältigkeit der potentiellen Gründe von Stress und Suizid	

The manufacturer's authorised representative in the EU is Springer
Nature Customer Service Centre GmbH, Europaplatz 3, 69115 Heidelberg,
Germany. If you have any concerns regarding our products, please
contact ProductSafety@springernature.com

Printed and bound by CPI Group (UK) Ltd, Croydon, CR0 4YY
23/04/2026
02095647-0002